中国古代建筑知识普及与传承系列丛书
BEIJING QUADRANGLE
北京古建筑五书

北京四合院

贾珺 著

清华大学出版社
北京

版权所有，侵权必究。举报：010-62782989，beiqinquan@tup.tsinghua.edu.cn。

图书在版编目（CIP）数据

北京四合院/贾珺著．—北京：清华大学出版社，2009（2024.6重印）
中国古代建筑知识普及与传承系列丛书.北京古建筑五书）
ISBN 978-7-302-19774-4

Ⅰ.北… Ⅱ.贾… Ⅲ.民居－简介－北京市 Ⅳ.K 928.79

中国版本图书馆CIP数据核字（2009）第041572号

责任编辑：徐 颖　袁功勇
装帧设计：彩奇风
责任校对：王荣静
责任印制：杨 艳

出版发行：清华大学出版社
网　　址：https://www.tup.com.cn, https://www.wqxuetang.com
地　　址：北京清华大学学研大厦A座　邮　编：100084
社 总 机：010-83470000　邮　购：010-62786544
投稿与读者服务：010-62776969, c-service@tup.tsinghua.edu.cn
质量反馈：010-62772015, zhiliang@tup.tsinghua.edu.cn
印 装 者：小森印刷（北京）有限公司
经　销：全国新华书店
开　本：170mm×230mm　印 张：17　字　数：228千字
版　次：2009年5月第1版　印　次：2024年6月第16次印刷
定　价：99.00元

产品编号：031581-03

献给关注中国古代建筑文化的人们

策划：华润雪花啤酒（中国）有限公司
统筹：王 群 朱文一
　　　清华大学建筑学院
主持：王贵祥 王向东
执行：清华大学建筑学院
资助：华润雪花啤酒（中国）有限公司

参赞
（按姓氏笔画排名）

王宁　包志禹　白昭熏　刘刚　刘旭　孙闯
戎筱　闫东　佟磊　吴一凡　吴浩　宋莹莹　张志磊
张远堂　李仪录　李念　李倩怡　李新钰　辛惠园
陈迟　欧阳烨恬　赵雯雯　袁琳　郭继政　郭雪
梅静　廖慧农　谭舒丹　黎冬青

总序一

2008年年初,我们总算和清华大学完成了谈判,召开了一个小小的新闻发布会。面对一脸茫然的记者和不着边际的提问,我心里想,和清华大学的这项合作,真是很有必要。

在"大国"、"崛起"甚嚣尘上的背后,中国人不乏智慧、不乏决心、不乏激情,甚至不乏财力。但关键的是,我们缺少一点"独立性",不论是我们的"产品",还是我们的"思想"。没有"独立性",就不会有"独特性";没有"独特性",连"识别"都无法建立。

我们最独特的东西,就是自己的文化了。学术界有一句话:"建筑是一个民族文化的结晶。"梁先生说得稍客气一些:"雄峙已数百年的古建筑,充沛艺术趣味的街市,为一民族文化之显著表现者。"当然我是在"断章取义",把逗号改成了句号。这句话的结尾是:"亦常在'改善'的旗帜之下完全牺牲。"

我们的初衷,是想为中国古建筑知识的普及做一点事情。通过专家给大众写书的方式,使中国古建筑知识得以普及和传承。当我们开始行动时,由我们自己的无知产生了两个惊奇:一是在这片天地里,有这么多的前辈和新秀在努力和富有成果地工作着;二是这个领域的研究经费是如此的窘迫,令我们瞠目结舌。

希望"中国古代建筑知识普及与传承系列丛书"的出版,能为中国古建筑知识的普及贡献一点力量;能让从事中国古建筑研究的前辈、新秀们的研究成果得到更多的宣扬;能为读者了解和认识中国古建筑提供一点工具;能为我们的"独立性"添砖加瓦。

王 群
华润雪花啤酒(中国)有限公司总经理
2009年1月1日于北京

· 总序二 ·

2008年的一天，王贵祥教授告知有一项大合作正在谈判之中。华润雪花啤酒（中国）有限公司准备资助清华开展中国建筑研究与普及，资助总经费达1000万元之巨！这对于像中国传统建筑研究这样的纯理论领域而言，无异于天文数字。身为院长的我不敢怠慢，随即跟着王教授奔赴雪花总部，在公司的大会议室见到了王群总经理。他留给我的印象是慈眉善目，始终面带微笑。

从知道这项合作那天起，我就一直在琢磨一个问题：中国传统建筑还能与源自西方的啤酒产生关联？王总的微笑似乎给出了答案：建筑与啤酒之间似乎并无关联，但在雪花与清华联手之后，情况将会发生改变，中国传统建筑研究领域将会带有雪花啤酒深深的印记。

其后不久，签约仪式在清华大学隆重举行，我有机会再次见到王总。有一个场景令我记忆至今，王总在象征合作的揭幕牌上按下印章后，发现印上的墨色较浅，当即遗憾地一声叹息。我刹那间感悟到王总的性格。这是一位做事一丝不苟、追求完美的人。

对自己有严格要求的人，代表的是一个锐意进取的企业。这样一个企业，必然对合作者有同样严格的要求。而他的合作者也是这样的一个集体。清华大学建筑学院建筑历史研究所，这个不大的集体，其背后的积累却可以一直追溯到80年前，在爱国志士朱启钤先生资助下创办的"中国营造学社"。60年前，梁思成先生把这份事业带到清华，第一次系统地写出了中国人自己的建筑史。而今天，在王贵祥教授和他的年长或年轻的同事们，以及整个建筑史界的同仁们的辛勤耕耘下，中国传统建筑研究领域硕果累累。又一股强大的力量！强强联合一定能出精品！

王群总经理与王贵祥教授，企业家与建筑家十指紧扣，成就了一次企业与文化的成功联姻，一次企业与教育的无间合作。今天这次联手，一定能开创中国传统建筑研究与普及的新局面！

朱文一

清华大学建筑学院院长
2009年1月22日凌晨于清华园

前言

说起老北京的代表建筑,恐怕人人都能数得上一大串:故宫、天坛、北海、琉璃厂、国子监、潭柘寺、白云观……各有各的魅力,各有各的奥妙。这些城门、宫殿、坛庙、园林、寺观像一块块的宝石,镶嵌在北京这个聚宝盆一样的古城内外。但是,仅仅拥有如此建筑的北京还称不上是真正完整的北京,那些分布全城的四合院同样是老北京文化遗产中不可缺少的组成部分,同样蕴涵着悠远浑厚的京味与京韵。

四合院是北京最典型的住宅形式,撒满了城内的每条胡同。

四合院由大门、倒座房、垂花门、正房、厢房、后照房等不同房屋组成围合的院落空间,并且根据主人的身份和住宅的规模可以演变出各种繁简不同的组合形式。方正对称的格局,尊卑有序的空间,浑厚敦实的风格,浓荫遮蔽的院落,隔绝尘嚣,自成一方天地,也成为北京人最理想的生活场所。其中的建筑都采用典型的北方官式手法砌筑,色彩凝重,表现出北方文化端庄大方的风格,与素雅灵秀的江南建筑形成鲜明的对比。

自元代以来,无论是王公大臣、富商巨贾,还是文人学士、普通百姓,都住在大大小小的四合院中。从广厦连屋的大宅门,到格局紧凑的小户人家，北京四合院演绎出辉煌与平淡交织的无数篇章。敞亮的院子、宽阔的正屋、秀丽的垂花门、灵巧的厢房，承载着北京人几百年来的日常生活，散发着经久不息的永恒魅力。

如果把城墙比作北京的皮肤，故宫比作北京的心脏，那么遍布全城的四合院就是老北京的血肉。一旦失去了大片的四合院，北京也就失去了城市的肌理血脉和几百年流传下来的淳厚气息，变成一个没有灵魂的二流城市。珍爱四合院，保护四合院，把这些珍贵的建筑及其中所蕴涵的传统文化继续传承下去，是每一个热爱北京的人的共同责任。

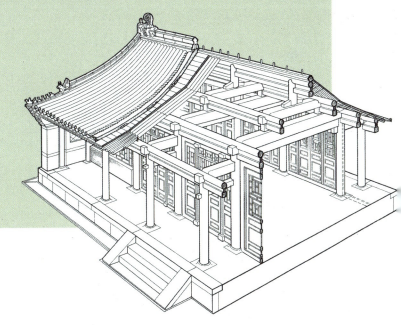

目录

壹·四合院与北京城 /3
中国合院住宅的演变 /4
从元大都到明清北京 /14
胡同空间 /20

贰·四合院的基本格局 /26
典型四合院布局 /28
四合院的并联组合形式 /34
带花园的四合院 /36
四合院中的庭院景观 /38

叁·四合院的建筑构成 /41
屋有三分 /42
台　基 /44
屋身大木作 /46
外　墙 /52
屋　顶 /56
外檐装修 /62
内檐装修 /64
家具陈设 /68

肆·四合院的房屋类型 /73
大　门 /74
垂花门 /82
正　房 /86
厢　房 /88
耳　房 /89

倒座房 /90

后照房 /91

游廊 /92

照壁与院墙 /94

伍·四合院的建造施工/99

测平定向 /100

夯土筑基 /101

石　作 /102

木料加工 /103

榫　卯 /105

叠梁架屋 /107

砖　作 /108

瓦　作 /112

木装修 /114

雕饰 /115

油饰彩画 /124

陆·清代经典府宅四合院撷英/129

孚王府 /130

恭王府 /140

崇礼宅 /154

文煜宅 /160

麟庆宅 /168

张之洞宅 /176

荣源宅 /182

纪昀宅 /188

柒·近现代文化名人故居四合院例说/193

鲁迅故居 /194

郭沫若故居 /202

老舍故居 /208

茅盾故居 /212

齐白石故居 /216

梅兰芳故居 /220

捌·四合院的文化内涵与生活情韵/227

风水禁忌 /228

伦理秩序 /230

隔绝内外 /232

静美天地 /234

雅居生活 /236

结 语/240

参考书目/241

致谢/243

插图目录/244

壹 四合院与北京城

　　四合院是一种合院式的住宅。合院住宅在中国有久远的传承历史，从西周的院落遗址到汉代的画像砖，从唐代的敦煌壁画到宋代的《清明上河图》都可以看到它们的身影。明清时期中国南北方的许多地区都发展出各具特色的合院住宅，与北京四合院共同组成辉煌灿烂的民居体系。

　　北京四合院与北京城的发展密不可分。历经元明清三代的发展，北京城形成了以街道和胡同为经脉的棋盘式格局，以雍容的气度包含着无数大大小小的四合院。

中国合院住宅的演变

老北京人把四合院叫做"四合房",顾名思义,就是"四面都用房子围合起来"的住宅。其实中国传统住宅有很多都是围合的院落形式,统称为"合院住宅",北京四合院是其中最典型的一种(图1-1-01)。

中国的合院住宅有很早的历史渊源。陕西岐山凤雏村有一片西周时期留下的住宅遗址(图1-1-02),分为前后两个院子,四面都有房子围合。现

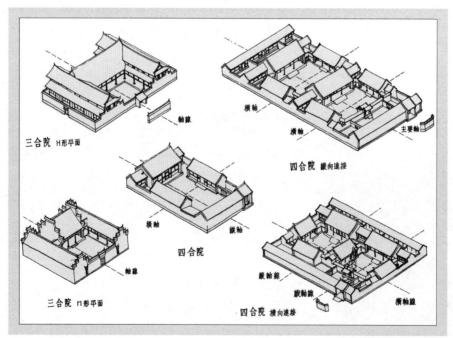

(图1-1-01)合院住宅演变形式

代学者根据先秦的文献推断，这所合院住宅的大门前有影壁，前一个院子的正房是前堂，主要用于举行宴会以及礼仪活动；后一个院子的正房是后室，用作主人的日常起居，东西两侧的房子分别给家中其他成员居住。整个住宅的形式已经很清楚地把内外区分开，并且显示出家庭内部的等级秩序。

汉代的画像砖揭示当时合院住宅内的生活图景。有一块四川出土的东汉画像砖上描绘了一户人家拥有多个院

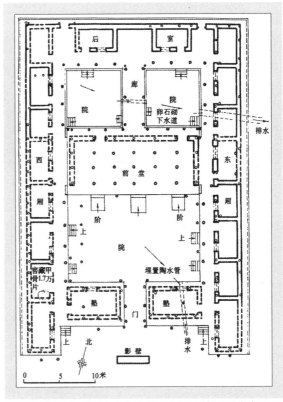

（图1-1-02）陕西岐山凤雏村西周住宅遗址平面

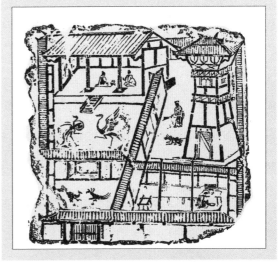

（图1-1-03）东汉画像砖中的合院住宅

（图1-1-04）敦煌壁画中的唐代合院住宅

（图1-1-05）敦煌壁画中的五代合院住宅

子（图1-1-03），四周全部用房子或者廊子来围合，大门偏西，正堂很宽敞，前面的庭院中有两只鹤在翩翩起舞，东侧的院子里还建了一座高高的望楼，整组建筑形式十分丰富。

魏晋南北朝以后，合院住宅继续发展，并已经成为中国主流的住宅形式。隋唐五代时期，合院住宅的形式更加丰富，敦煌壁画中有很多图案表现深宅大院中的绚丽生活（图1-1-04～图1-1-05）。

（图1-1-06）北宋《清明上河图》中的城市合院住宅

（图1-1-07）北宋《千里江山图》中的农村合院住宅

宋代的《清明上河图》、《千里江山图》等巨幅画卷中都绘有城市和乡村中的合院住宅形象（图1-1-06～图1-1-07），其中的前堂和后室之间常常用一道廊子串联起来，形成一个"工"字形的平面。这种形式也被元代的合院住宅所继承。

明清以来，中国传统的合院住宅趋于高度成熟，并且在不同的地区形成特色鲜明的地域风格。除了北京典型的四合院之外，东北、山西、宁夏等

（图1-1-08）山西阳城潘家大院

（图1-1-09）河南巩义康百万庄园

（图1-1-10）徽州民居

（图1-1-11）浙江东阳卢宅庭院

(图1-1-12)云南一颗印住宅

北方地区都有大同小异的四合院出现，南方的合院住宅形式更为丰富，包括江浙地区的"四水归堂"、徽州地区的马头墙民居、广东地区的"广厦连屋"、云南地区的"一颗印"等等，蔚为大观（图1-1-08～图1-1-12）。

如果我们把视野放得更开阔一些，就会发现不但中国古代住宅以合院的形式为主，外国古代也有很多住宅同样采用院落的形式。古西亚地区早在五六千年之前就善于利用厚厚的土坯墙围成独立的宅院；古罗马人的住宅不但围合成院落，而且还进一步在院子中开辟水池和喷泉，再加上绿化，构成令人向往的美好家居环境（图1-1-13）；古代伊斯兰住宅同样在庭院的四周用柱廊围合，院子里常常挖出十字形的水渠，以象征《古兰经》中的"天园"（图-1-14～图1-1-15）；文艺复兴之后的欧洲兴建了大量的府邸，几乎都采用合院形式，把2～4层的大楼与内部隐秘的庭院结合在一起（图1-1-16）。

为什么中外都把合院作为住宅的主要形式呢？侯幼彬先生曾经做过

（图1-1-13）古罗马时期庞贝古城合院住宅遗址

（图1-1-16）文艺复兴住宅庭院

（图1-1-14）伊斯兰住宅庭院中的十字渠

（图1-1-15）西班牙格林纳达狮子院

一个细致的分析，认为合院住宅中的庭院四周闭合而露天，可以营造出内部良好的小气候，减少不良外在气候的影响。一方面在夏天可以有效地遮阴、纳凉，冬天又可以很好地采光、保暖、抵御风沙。露天通透的庭院既是入风口，也是出风口，通过自然的风压得到流畅的通风，保证健康清新的空气质量。此外，庭院还有利于排水和收集雨水，更可以引入各种植物，形成湿润而充满绿意的小环境，最适合人类居住生活【侯幼彬：中国建筑美学，78页，哈尔滨，黑龙江科学技术出版社，1997】（图1-1-17）。

（图1-1-17）合院住宅通常以前廊面对中央的庭院

还有学者专门分析过合院式布局与独立式布局的差异。我们把一块方形的用地划分成100（10×10）格，来探讨一下划分建筑和空地的几种可能性（图1-1-18）。A模式是建筑分布于庭院四周的合院式布局，B模式和C模式都是建筑位于庭院正中的独立式布局。按照B模式来布置，建筑面积占36%，可以在周边得到64%的空地面积，建筑面积偏小；按照C模式来布置，建筑面积占64%，空地面积占36%，但都是围绕周边的窄长条，不好使用。而如果采用A模式，可以得到64%的建筑面积和36%的空地面积，更重要的是空地集中于中央位置，不但比空地面积同样占36%的C模式要好用得多，也比空地面积达64%的B模式要优越。因此从空间的角度完全可以证明合院式住宅的用地效率是最高的，既可以得到充足的建筑面积，同时又可以获取宽敞的庭院，一举两得。

相比而言，中国人对合院式住宅显然更偏爱一些，其形制也更为成熟。中国的封建社会长达两千多年，形成了一整套严密的社会行为规范，而合院住宅所具有的防卫严密、内向稳定、秩序井然的特点正与这套规范高度吻合，因此也在岁月的长河中不断得到强化，从而形成了独特的中国式合院住宅系统。北京四合院正是这个系统中最完备的一种类型。▲

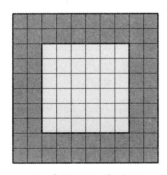
A.建筑64%　空地36%

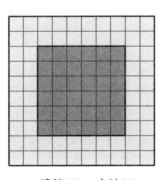
B.建筑36%　空地64%

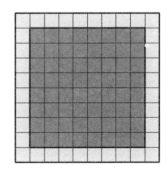
C.建筑64%　空地36%

建筑　　　空地

（图1-1-18）合院住宅建筑与空地比例关系分析

从元大都到明清北京

四合院是北京城的基本组成单位，与城市的关系十分密切。

北京建城于周朝初年，为诸侯蓟国的都城，后被燕国吞并。秦朝一统天下，北京地区属广阳郡。汉代时先后成为燕国、广阳国等诸侯封国，后收归朝廷管辖，改称幽州、广阳郡，一直延续到魏、西晋时期，均为北方重要的州郡。十六国时期曾一度为前燕之都城，北魏时期仍为幽州治所，隋代改称涿郡，唐代又改为幽州，成为历任节度使驻扎的重地，安史之乱时安禄山即以此为根据地兴兵进犯长安。

后晋皇帝石敬瑭把燕云十六州割与辽国，幽州也在其中，后被辽太宗定为南京，繁华冠于全辽。金灭辽后，幽州为其所占，海陵王完颜亮将都城从上京会宁府迁来此地，改称中都，自此北京地区由陪都而升格为正式的王朝都城，大加扩建，辉煌华丽，远胜昔日。

蒙古灭金，中都遭到较大破坏。元世祖忽必烈登上汗位后，于至元元年（1264年）在原金中都城的东北开始建造新城，至元八年（1271年）定国号为"元"，至元九年（1272年）将都城之名定为大都。随着元朝进一步攻灭南宋，北京地区历史上首次成为统一的全国性政权的首都。大都就是"宏大之都"的意思，由汉族官员刘秉忠和阿拉伯人也黑迭儿主持规划设计，一方面以规整有序的城市结构继承了汉文化都城的传统理念，另一方面又体现了游牧民族重视水泉的习俗（图1-2-01）。

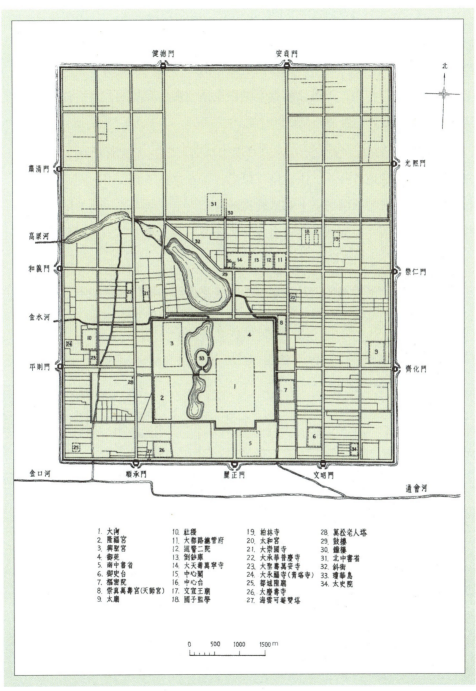

(图1-2-01）元大都平面图

城的平面接近正方形，东西宽6650米，南北长7400米，总面积接近5000公顷。都城外城的南、东、西三面各设三座城门，北面设两座城门，南部中央建皇城，皇城的中央偏东建宫城，内外形成三重城墙。城市的主要干道均与城门相通，干道之间则是纵横交错的街巷和胡同，其中分布着大量的寺庙、衙署、店铺和无数的住宅。

蒙古人长期以游牧方式生活，"逐水草而居"，尤其喜欢在水泉丰富、青草茂盛的地方驻扎。决定定都以后，特意选择了两片大的湖面作为城市的中心，成为中国历史上都城建设的首创之举。蒙古人习惯上把湖称作"海"，这两片水面被分别定名为"太液池"和"海子"，这就是今天中南海、北海与什刹海的前身。

元代以前的北京地区的住宅没有留下多少遗迹，现存最早的四合院遗址是元代的"后英房"，位于安定门一带。根据挖掘的平面推断，这处四

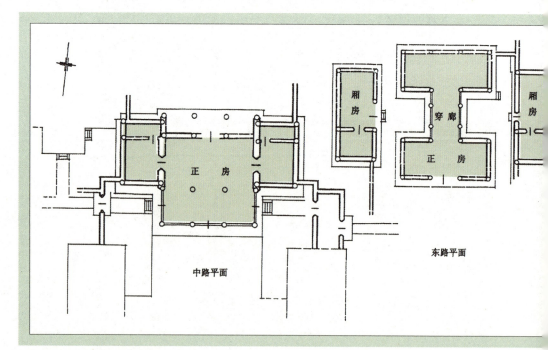

（图1-2-02）元大都后英房住宅遗址平面图

合院已经分设前后两个院子，并在后院的四面分别建有房屋，形成四面围合的形式，比较特别的是其南房和北房之间还建了一条廊子，把二者串连在一起，构成"工"字形的格局（图1-2-02）。这种建筑样式在宋代的绘画中很常见，说明元大都虽然是游牧民族所建的都城，其中的住宅却受到宋代汉族住宅的较大影响。

元末爆发了农民大起义，明太祖朱元璋于洪武元年（1368年）在南京建立了明朝，并派大将徐达北伐，元朝末代皇帝元顺帝逃往大漠。大都被改为北平府，并进行了改造，城墙向南作了偏移，北侧部分地区被排除在城墙之外。北平是燕王朱棣的封地，后来朱棣从这里起兵南征，夺取了侄儿建文帝的皇位，成为明成祖。为了便于防御北方蒙古部落卷土重来，成祖把北平改为北京，并把都城重新迁回这里。从此北京成为明清两代长达500多年的首都。

明朝嘉靖三十二年（1553年），为了加强对城南坛庙和商业区、居民区的保卫，在原来城墙的南面增加了一圈外城，这样北京就拥有了外城、内城、皇城、宫城四重城墙，平面形状呈"凸"字形（图1-2-03）。外城东西宽7950米，南北长3100米，南面正中设永定门，两端分别为左安门、右安门，东西两侧有广渠门和广宁门。内城东西宽6650米，南北长5350米，南侧正中设正阳门，左右为崇文、宣武二门，东侧有朝阳门、东直门，西侧有阜成门、西直门，北侧有安定门、德胜门。

皇城位于内城中心偏南的位置，东西宽2500米，南北长2750米，平面呈不规则的方向，其中容纳宫城和中、南、北三海。皇城南侧中央设正门天安门，北侧中央设地安门。

宫城就是紫禁城，东西宽760米，南北长960米，平面是很规整的长方形，南侧中央是正门午门，东西两侧设东华、西华二门，北侧是神武门，宫墙的四角还分别建有角楼。

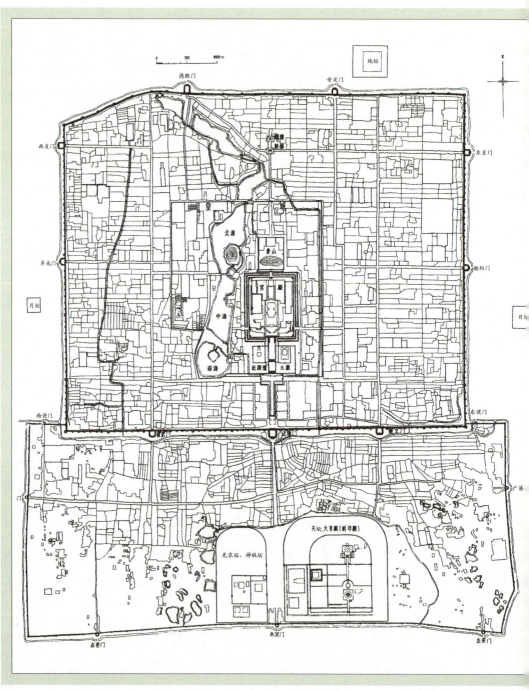

(图1-2-03)明清北京平面图

明清的北京城拥有一条长达7.5公里的中轴线，从南面的永定门开始，一直延伸到城北的钟楼、鼓楼，最重要的城门和宫殿都坐落在这条象征着皇权威严的中轴线上，高潮起伏，极为壮观。中轴线两侧分别布置着天坛和先农坛、太庙和社稷坛，在城市的东、西、北三侧还分别建有日坛、月坛和地坛。

老北京有句俗语叫"东富西贵，南贫北贱"，说的是北京城不同区域居民分布的贫富差异。从明代开始，通过运河从江南运来的禄米都储藏在东城的仓库中，很多富商也住在东城，故称"东富"；而西城则聚集了很多达官贵人的邸宅，所以叫"西贵"。城市北部以小买卖人和手工艺人为多，旧时把这些职业视作"贱业"，所以叫"北贱"；城市南部的外城胡同和四合院的格局最为狭小，居民以社会底层和外地人为主，因此叫"南贫"。这不过是泛泛而论，实际上在不同的历史时期也会有很多例外的情况，比如清代初期的外城就曾经有过很多大官的豪宅以及花园，而东城和西城同样也有不少既不富也不贵的普通民宅。

清朝灭亡之后，王公贵族们丧失了昔日的特权和财富来源，日益窘困，北京城中的无数豪府名宅也失去了华贵的色彩。但北京依旧是北洋政府的首都，新的达官贵人和富商巨贾重新在此聚集，这些上层人物依然住在四合院中。于是许多大宅子陆续换了主人，又有一些新的四合院建造起来。

解放以后，很多原本独门独户的四合院变成了多户人家共处的大杂院，人口密度过大，私搭乱建很多，环境恶化，导致四合院原有的优点荡然无存。更多的四合院被拆除以腾出空地建造新楼，于是这些充满历史韵味的老宅院越来越少，令人扼腕叹息。▲

胡同空间

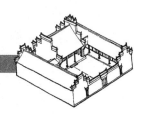

说北京四合院，不能不提到北京的胡同。北京城曾经拥有过几千条胡同，四合院就分布在这些长短宽窄不一的胡同之中。

"胡同"这个名字始于元代，对于其具体的含义至今仍有不同说法：有人说是"火弄"（特指小巷）的意思，有人说是"浩特"（蒙语"城市"）的谐音，也有学者坚持认为是蒙语"水井"之意。

北京到底有多少条胡同？不同的历史时期数字是不一样。翁立先生《北京的胡同》一书做了一个统计，认为元朝大概有413条，明朝大约有1170条，清朝大约有2077条，民国晚期的1944年则有3200条【翁立：北京的胡同，北京，北京燕山出版社，1992】。解放后随着城市建设不断发展，北京的胡同日益减少，现在已经不足千条了。

元大都时期把城市道路分为大街、小街、胡同三级，其中大街宽24步（约37.2米）；小街宽度是大街的一半，12步（约18.6米）；胡同宽度是小街的一半，6步（约9.3米）。街一般是干道，比较宽，两边常常开设店铺；胡同是最小单位的道路，因此比较窄。这个交通系统被后代继承了下来，但经过明清、民国的长期演变之后，北京城不同胡同的宽度差异很大，最窄的胡同还不足1米，例如崇文门外东珠市口的高筱胡同仅宽65厘米，天桥西的小喇叭胡同最窄处只有55厘米，成为名副其实的"羊肠小道"。另外少数胡同以"巷"为名，还有一些名字叫"街"的道路其实也是胡同。

由于北京城市格局很方正，所以大部分胡同也都是很规矩的直线，而且以东西走向的为多。一些胡同的名字带有方位词，以作特别的强调，比如东花枝胡同、西大胡同、南板桥胡同、北半截胡同。这种城市格局赋予北京人很强烈的方位感，至今北京人为外地人指路，还喜欢说向东、往南、朝北等等，不像其他地方一般说往左、朝右。但城市毕竟不是军营，不可能像棋盘一样绝对整齐，北京城中也有一些地区，比如什刹海周围、宣武门外等地方由于临近河道、水系或者其他历史原因，其中的许多胡同是自由的斜向。这些斜胡同大多不叫"胡同"而叫"某某斜街"，比如什刹海地区的白米斜街，前门大栅栏地区的樱桃斜街、杨梅竹斜街，西单地区的东斜街、西斜街，宣武门外的上斜街、下斜街等等。这些斜胡同两边的四合院也都采取相对自由的布局和朝向。

北京的胡同名称多姿多彩，有的表示行业的特色，例如金箔胡同、麻线胡同、锡蜡胡同、胭脂胡同等等；有的胡同因为有大官住过而特意以其官衔爵位为名，比如文丞相胡同、李阁老胡同、蒋大人胡同、石驸马胡同、广宁伯胡同等等；有的胡同直接以平民百姓为名，比如吴老儿胡同、宋姑娘胡同、王寡妇斜街等等；有的胡同中有官衙机构驻扎，故以此为名，如太仆寺胡同、府学胡同、太医院胡同、织染局胡同、禄米仓胡同、东厂胡同等等；很多胡同以某座重要的建筑为名，如砖塔胡同、宝禅寺胡同，甚至这些建筑消失之后，胡同的名字却依旧保持；有的按照胡同的形状来命名，比如弯弯的就叫弓背胡同、月牙儿胡同、玉带胡同，宽长方形的叫盒子胡同、抽屉胡同，细长的称笔管胡同、箭杆胡同；有的以胡同中的特色植物为名，如枣林胡同、椿树胡同、柳树胡同。还有一些胡同的名字带有北京方言中特有的儿化音，例如帽儿胡同、雨儿胡同、菊儿胡同等等，叫起来就好像是一个小孩的乳名，透着一股亲切的味道。

随着历史的演进，很多胡同的名字也会有所变更，大多数是以谐音转换，由比较粗俗或者不吉利的名字改为更典雅的称呼，比如驴市胡同改称礼士胡同，裤子胡同改为库资胡同，劈材胡同变成辟才胡同。

早先的胡同口经常设置栅栏，夜间关闭，以加强胡同居民区的安全保卫。后来这些栅栏都消失了，但也留下了双栅栏胡同、二道栅栏胡同等等名称。

在一些区域，若干条胡同往往围绕一条大的街道展开，形成一大片规整的胡同区，比如东四、西四、南北锣鼓巷地区，至今仍是北京重要的胡同历史风貌区。其中的南锣鼓巷两侧对称各布置着八条胡同，平面形状就好像是拥有十六只腿的大蜈蚣，因此被称作"蜈蚣街"（图1-3-01～图1-3-02）。东

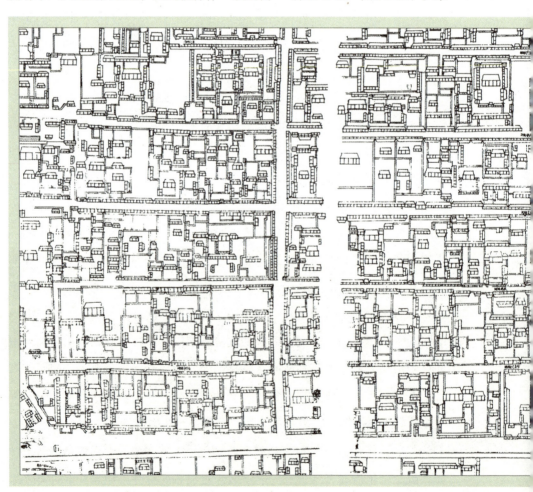

（图1-3-01）乾隆《京城全图》中的南锣鼓巷局部平面

(图1-3-02)南锣鼓巷风貌

（图1-3-03）胡同风光

四大街和西四大街两侧的胡同由南往北按照顺序依次称头条胡同、二条胡同、三条胡同 好像一家子的老大、老二、老三 显得很整齐。

由于四合院都是用墙四面围合的,从外面看不见每家庭院的内部景象,只有一座座高矮宽窄不一的大门显示出主人的门第高低和家势盛衰（图1-3-03）。除此之外还能看见高出围墙之外的一两棵大树直插云天,骄傲地透露出四合院中那片盎然的生机。

大多数的胡同都是僻静的,具有一种特别的邻里氛围。四合院中的居民出门或者回家,都从胡同经过,彼此问候一声"吉祥"或者"吃了没有",透着一种浓浓的人情味,可见胡同不但是一座座四合院的联系通道,更是一户户人家的连接纽带（图1-3-04～图1-3-05）。

胡同还是婚丧嫁娶的仪仗行进空间和小贩走街串巷的叫卖场所,抑扬顿挫的锣鼓唢呐和铿锵有力的吆喝声在胡同中萦回缭绕,与砖墙灰瓦融合成最美丽的声境画卷。▲

（图1-3-04）胡同情韵

（图1-3-05）胡同雪景

贰 | 四合院的基本格局

　　北京四合院以院落为基本的空间单位，从三合院、单进院，到四进院、五进院，乃至多跨大宅院，繁简不一，规模差异极大。但无论是寒门小户还是豪门宅邸，都强调中轴对称、正厢分明，其基本格局都具有一种大方沉稳的特殊气质。

典型四合院布局

北京四合院的格局都很方正，除了少数斜街上的宅子以外，大多呈长方形平面，其中所有的建筑都采用正朝向，也就是根据各自位置的不同，分别朝向正南、正北、正东、正西（最多略偏1°~2°），不像南方很多地区的住宅采用灵活多变的偏斜朝向。

中国古代院落的基本单位是"进"和"跨"，"进"表示前后串联的关系，纵向有多少个院子就叫多少进院落，其中每个院子按照位置分别称"第一进"、"第二进"依次类推；"跨"表示左右并联的关系，横向有多少串院子就叫多少跨院落，并可按照位置分别称东跨院、西跨院等等。北京四合院的空间以院落为核心，不同规模的四合院拥有不同的院落数量。

单进四合院：最简单的四合院只有一个院子，四面各有房屋围合（图2-1-01），是标准的"四合房"。大门通常采用一间门屋的形式，设在东南角位置，一些宅门还在胡同对面的墙上设置一面照壁。院子接近正方形，北面是三间正房，南面是三间南房，与正房相对，东西各有三间厢房，有时候正房两端还带有两个很小的房子，好像两只耳朵一样，因此叫做"耳房"。这种四合院规模虽小，但功能齐全，最适合单门小户人家生活（图2-1-02～图2-1-03）。

实际上还有一种更简单的四合院，只有东、西、北三面建房，南面只

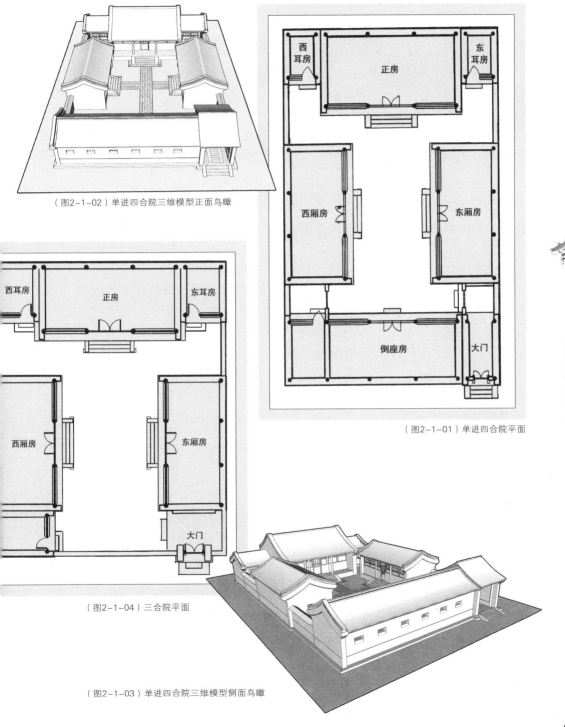

（图2-1-02）单进四合院三维模型正面鸟瞰

（图2-1-01）单进四合院平面

（图2-1-04）三合院平面

（图2-1-03）单进四合院三维模型侧面鸟瞰

贰·四合院的基本格局 ——— 典型四合院布局

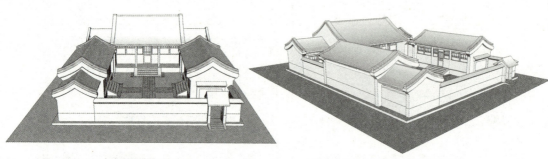

（图2-1-05）三合院三维模型正面鸟瞰　　　　　　　　　（图2-1-06）三合院三维模型侧面鸟瞰

有院墙，严格说来只能算是"三合院"（图2-1-04）。三合院没有南房，大门也常常简化为小门楼。这种民居的占地面积和建筑面积都比单进的四合院小，好像是四合院的"删节版"（图2-1-05～图2-1-06）。

两进四合院：两进四合院分设前院和后院两个院子（图2-1-07）。狭长的前院是对外的附属性院落，宽阔的后院才是家庭内部生活的真正重心所在（图2-1-08～图2-1-09）。

大门位于东南角，进了大门，面对的是门内的照壁。从照壁的前面向西一拐就来到狭长的前院，前院的南面是一排倒座房，面朝北面，后墙背对胡同。倒座房靠近大门的一个房

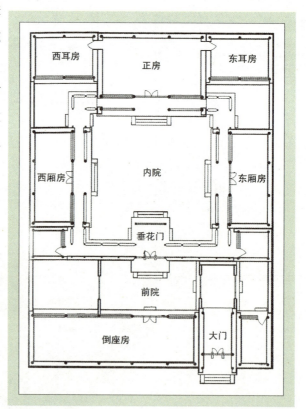

（图2-1-07）两进四合院平面

间通常用作门房，其他房间主要用来接待外客。倒座房西部往往设为厕所，并用墙分隔出一个独立的小院子。大门的东边有时候也设一个小跨院，用作辅助用房。

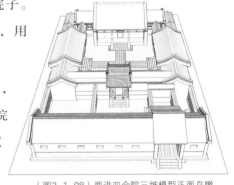

前院和内院之间用一道墙分隔，墙正中设置垂花门。垂花门是内外院落之间的标志，进了垂花门就来到宽阔的内院，内院是整个住宅的主体部分，也是主人全家的主要生活场

（图2-1-08）两进四合院三维模型正面鸟瞰

所。院子北面是高大的正房，正房的两侧分别设置东耳房、西耳房，院子的东边是东厢房，西边是西厢房，二者相对。高级一点的四合院内院一般用廊子把垂花门、正房、东西厢房串联在一起。

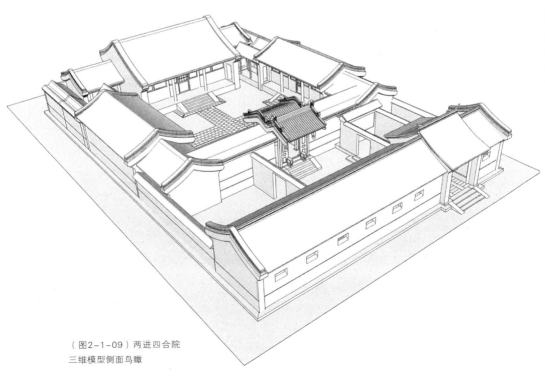

（图2-1-09）两进四合院三维模型侧面鸟瞰

三进四合院：三进四合院包含前院、内院和后院三个院子，是在两进四合院基础上发展出来的更大规模的形式，也是最典型的四合院模式（图2-1-10）。通常情况下，三进院子的总长度在50～60米左右，恰好与北京城内很多地区两条胡同之间的距离相等，前面的大门和最后面的后门可以分别面临南北两条胡同。

三进四合院主要是增加了一个后院。后院也叫后照院，位于内院的北面，也是一个狭长的院落，最北面排列一长溜的后照房（也可以写为"后罩房"），主要用作女眷卧室或者后勤辅助用房与佣人用房。后照房的西北角设有后门，通向北面的另一条胡同。能住上三进四合院的人家至少是中产以上的阶层（图2-1-11～图2-1-12）。

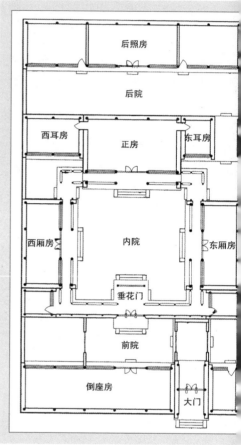

（图2-1-10）三进四合院平面

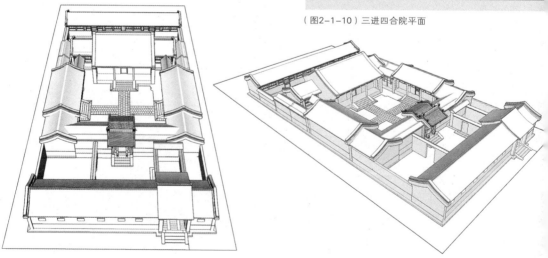

（图2-1-11）三进四合院三维模型正面鸟瞰　　　　（图2-1-12）三进四合院三维模型侧面鸟瞰

四进以上的四合院：在三进四合院的基础上继续发展，可以形成更大规模的四合院，但基本原理是一致的。常见的方式是倒座所在的前院和后照房所在的后院不变，在纵向上再插入一到数个内院（图2-1-13～图2-1-14），总数可以达到五进、六进乃至七进之多。这样深宅大院可以出现更多的变化，有时可以设两重垂花门，有的内院只设正房而不设厢房和耳房，显得更为宽敞。▲

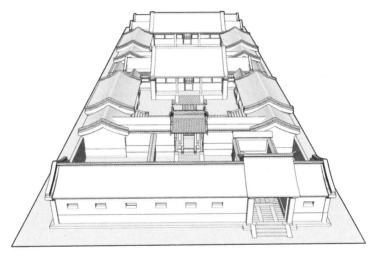

（图2-1-13）四进四合院三维模型正面鸟瞰

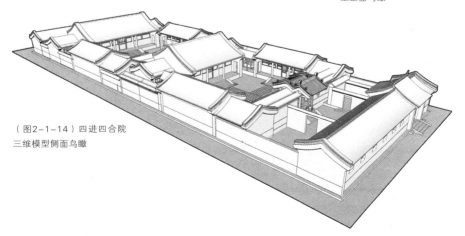

（图2-1-14）四进四合院三维模型侧面鸟瞰

四合院的并联组合形式

大户人家的四合院不但拥有多进院落,而且还可以向横向发展,设置跨院。一些豪门宅第往往并列多跨格局相似的院落,比如清末大学士、军机大臣那桐位于金鱼胡同的宅子就拥有七跨院落,每组院落有分别含有多进院子,一共有几百间房子,几乎占了小半条胡同(图2-2-01)。

有的四合院在主体院落的一侧设一个南北狭长的小跨院,跨院中的建筑也是长长的一条,面朝东或朝西。这种跨院的性质与后照院相似,一般

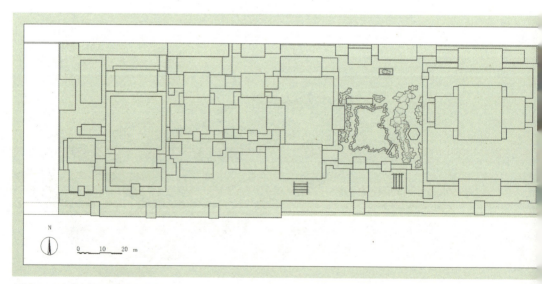

(图2-2-01)金鱼胡同那桐宅平面图

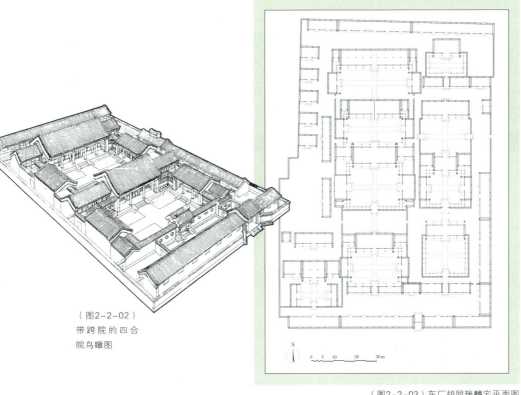

（图2-2-02）带跨院的四合院鸟瞰图

（图2-2-03）东厂胡同瑞麟宅平面图

也是用作厨房、杂役等附属用房（图2-2-02）。

多跨并联的四合院最适合子孙众多的大家族居住，各跨院落相对独立，但往往彼此之间有门连通，例如坐落在东厂胡同的清代大学士、两广总督瑞麟的宅第就是如此（图2-2-03）。一般两组院落相邻一侧的厢房彼此后墙相抵，也有的两组宅院之间设置一条窄窄的夹道。

四合院的组合形式有很多变化，并无一定之规，还可以随着实际情况的演变而作灵活的分合调整。例如一些单进的四合院和三合院可以前后串联组合在一起而又保持各自的门户独立；有的人家发迹，可能会收买邻居的房子，把若干较小规模的四合院组合成多跨院落的大型四合院格局；也有一些大户人家衰败后也可能会将一组院落分割成若干小型四合院——出售。▲

带花园的四合院

北京最高级的四合院是带花园的宅子。从元朝开始,北京城内就出现很多私家园林,到清代中叶至少有几百座之多。这些花园都是住宅的一部分,常常由一进或多进四合院改造而成,与四合院的关系十分密切。

花园与住宅的关系很灵活。其中最常见的情况是住宅与花园并列,其次是采用前宅后园或前园后宅的形式;花园也可作为一个局部位于宅院中间的某进院落之中;少数人家的住宅和花园分别处在胡同的南北两侧,属于园宅分置,东城的汪由敦宅园就是如此。

历史上北京的私家园林达到很高的水平,足以与江南私家园林相提并论而难分高下。其中最具代表性的王府花园和一些达官贵人的花园,例如至今幸存的恭王府花园、醇王府花园、可园等等,都是其中的杰出代表,但大多数著名的宅园都被拆毁了,十分可惜。清末民初著名藏书家、学者傅增湘的住宅花园原位于石老娘胡同,是一处典型而雅致的北京四合院宅园,现已不存(图2-3-01~图2-3-02)。▲

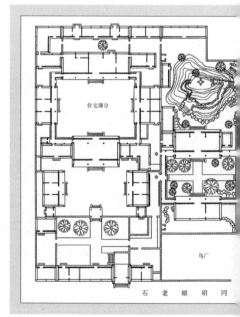

(图2-3-01)石老娘胡同傅增湘宅平面

（图2-3-02）石老娘胡同傅增湘宅花园景象

四合院中的庭院景观

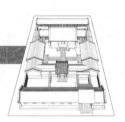

　　北京大多数的四合院住宅并无专门的花园，但通常都会在其庭院中培植一些树木花草、设一些小品点缀，有些院落可能会进一步叠置小型假山，或挖一方小水池，甚至对四合院本身的建筑也略作调整从而完成园林化的处理，使得咫尺空间也有小景可赏，居住环境更加宜人。

　　北京四合院中庭院大多在院中央设置十字形甬路，与正房和东西厢房相通，除此而外的空地都可以栽花种草。最常见的做法是在正房之前对称栽两棵树，既可以是槐树、枣树、银杏等绿荫翠盖的大树，也可以是海棠、丁香之类的花灌木。有的院落中央放置一块姿态秀丽的山石或鱼缸，成为一种核心的小景。还有的在庭院设置藤架，蜿蜒的枝干充满野趣，夏天可充作纳凉的绿荫（图2-4-01）。

　　以上的庭园手法都根据北京四合院中轴对称的特点而展开，带有很强的对称性，显得四平八稳、轩敞大方，与四合院本身的空间氛围高度一致。更简单的园林化处理手法是在院角落中点缀一两株树木，其余空地散置一些盆栽花卉，看似不经意，也使得原本有些过于方正的庭院空间平添了一些变化和活力。还有一些宅院和正式的园林一样，在正房、厢房或月洞门上题写匾额，体现了更深的文化意义。

　　高巍先生在《京城旧影》中曾经对北京四合院中的庭院之景作如下描

（图2-4-02）孟端胡同某四合院庭院

绘："北京人爱生活,不仅体现在'重礼教'、'讲家和'上,也体现在四合院的布置上。夏日,迎门的砖影壁上满是绿油油的'爬山虎',前边多有对衬而设的'山涌泉'、'霸王鞭',中间带座的大缸中种上半阴半阳的荷花、慈菇、菖蒲或水葱之类的水草。院里则是大鱼缸、葡萄架、石榴树、夹竹桃、万年青、梅花、无花果等。"【高巍:京城旧影,120页,沈阳,辽宁美术出版社,1999】这种质朴而生动的景象与四合院端庄大方的空间浑然一体,形成了一种自然而亲切的特殊氛围（图2-4-02）。▲

（图2-4-01）四合院中的藤架

叁 四合院的建筑构成

北京四合院中的建筑以两坡顶的硬山房为主，基本构成原理几乎都是一样的，只有高矮、宽窄、精粗和朝向的区别。通过解析一座硬山房屋的台基、屋身大木作、外墙、屋顶、内外檐装修以及室内家具陈设等各方面内容，可以对其建筑构成有一个清晰的了解。

屋有三分

在介绍四合院的建筑构造之前,需要先介绍几个关于古建筑的基本术语。除了少数的门和亭子,中国古代大部分建筑的平面一般都是长方形的(图3-1-01),长的那一面通常是正面,其长度尺寸叫"面宽"或者"面阔",短的侧面一边的长度尺寸称作"进深"。建筑的平面总是表现为一排排柱子组成的柱网,每两根柱子之间的空间就叫"间"。间是建筑的基本单位,每座建筑都包含若干"间",一般面宽方向的间数都是奇数,如果有三间,就叫"三开间建筑",如果有五间,就叫"五开间建筑",依此类推。中间的一间叫做"明间",两侧的叫"次间",再两侧就叫"稍间",稍间

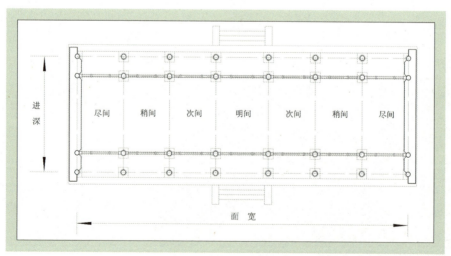

(图3-1-01)古建筑平面构成

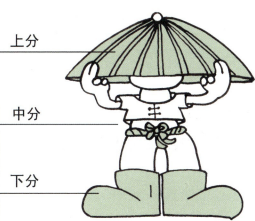

（图3-1-02）屋有三分

两侧的叫"尽间"。明间一般要比次间、稍间、尽间要宽一些，也可以一样宽，但绝对不会窄于次间、稍间和尽间。

从房屋构造的角度来说，北京四合院中包括正房、厢房、倒座房、后照房、耳房在内的大部分房屋，其基本形式几乎都是一样的，各自的差别主要在于间数的多少、台基和屋顶的高低以及位置和朝向的不同而已。

北宋初年的时候，有一位名叫喻浩的能工巧匠写了一本《木经》，书中很清楚地总结了一个著名的论断："屋有三分"，意思是说中国传统建筑可以分成上、中、下三个部分。"上分"指屋顶，"下分"指台基，"中分"就是屋顶和台基之间的屋身。如果我们用一个人来打比喻的话，台基就相当于人的脚，屋身好比是躯干，屋顶则很像是一顶大帽子（图3-1-02）。几乎所有的古建筑都包含这样段落分明的三个部分，四合院中的所有房屋也同样如此，本书首先以一座四合院中最常见的硬山房为例，来详细介绍一下传统四合院房屋的基本构造原理。▲

台 基

　　四合院房屋的"下分",也就是台基,一般要高出地面50~60厘米,又叫"台明",表示它是露明的(图3-2-01)。台基下面的基础以及台基本身的实心部分主要用结实的夯土筑成,然后再在台基的表面和四周用石块和砖包砌,同时所有的边角位置还要加上更坚固的石块,比如台明上表面最外侧四周要铺一圈长条石头,名叫"阶条石",四角分别

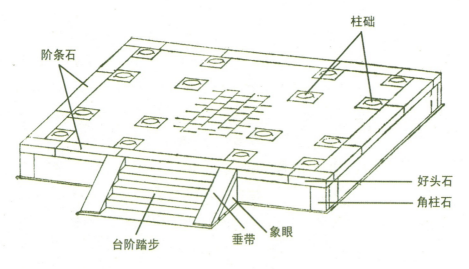

(图3-2-01)台基构成示意

（图3-2-02）台阶踏步

各铺一块"好头石"，侧面四角设置"角柱石"（又叫"埋头"）。因为这些位置很容易受到硬物碰撞，所以必须用石头来加固。台明上预先按照固定的位置把石头做成的柱顶石埋好，并且露出一小段圆形截面的柱础，高出台明之上6厘米左右，以备安装木柱。

台基外侧的正中位置要设置台阶踏步，根据台基的高低，一般有3～5步。踏步都用大块的石料砌成，两侧还经常附加两条斜铺的石条，名叫"垂带"（图3-2-02），侧面的三角形部分称作"象眼"。▲

屋身大木作

大木作与小木作 台基以上的"中分"——屋身部分最为复杂,是房屋的主体,基本上都用木头构筑而成,而且根据各自的功能,又分成大木作和小木作两个系统。大木作主要包括柱、梁、枋、檩、椽等等构件,承担着房屋整体结构的任务;小木作包括门窗、天花以及室内隔断等等,主要负责建筑的围合、分隔以及内外的装修任务。打个比方来说,大木作就是一座建筑的骨骼,而小木作只是皮肉。

大木作和小木作分工明确,具有很高的科学性。大木作是建筑最重要的部分,因为整个屋顶或者楼板依靠大木作系统才能支撑起来,而小木作和砖墙只起辅助作用而不直接承重,所以中国古建筑也经常被形容为"墙倒屋不塌"——只要梁柱不倒,房子当然不会塌。 一座房子中,梁柱等大木作构件是长期保持不变的,但作为小木作构件的门窗和隔断之类却可以经常根据主人的喜好而得到更换或改造。在这里先介绍大木作部分。

抬梁式构架 中国古建筑大木作的形式主要有三种类型,其中最常见的是抬梁式,北京四合院中的房子也都采用这种形式来建造木构架体系(图3-3-01)。

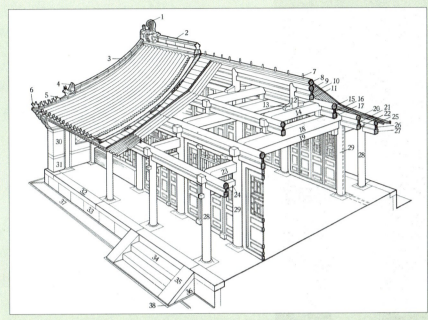

1.吻兽 2.正脊 3.垂脊 4.垂兽 5.戗兽 6.仙人 7.脊桩 8.扶脊木 9.脊檩 10.脊垫板 11.脊枋 12.脊瓜柱 13.角背 14.三架梁 15.上金檩 16.上金垫板 17.上金枋 18.五架梁 19.随梁枋 20.老檐檩 21.老檐垫板 22.老檐枋 23.抱头梁 24.穿插枋 25.檐檩 26.檐垫板 27.檐枋 28.檐柱 29.金柱 30.墀头上身 31.墀头下碱 32.阶条石 33.陡板包砌 34.踏步 35.垂带 36.象眼 37.散水 38.土衬金边

(图3-3-01) 清式建筑抬梁式构架示意图

抬梁式的基本原理是首先在台基上竖立柱子，然后在柱子顶部承托横向的梁，梁上再竖立一种矮柱子。这种矮柱子清代名叫瓜柱，早先的时候又叫童柱、蜀柱和侏儒柱，都是形容其短小。瓜柱上再承托梁，梁上再加瓜柱，就这样一层一层地抬上去，最上面的那层梁上竖立一根位置最高的脊瓜柱，由此构成一个坡屋顶的轮廓。然后在每层梁的头上分别搁上檩条，檩条上钉椽子，铺上望板，最后再铺上瓦，就完成了最重要的大木作构架系统。此外，柱子之间还需要用一种横向的枋子加以串联，枋子并不承重，主要是为了加强柱子彼此之间的联系，形成更稳定的整体结构。

柱 柱子根据具体位置不同，一般都有专门的名字。比如最外面的那圈柱子叫"檐柱"，里面的一排柱子叫"金柱"，角部的柱子又叫"角

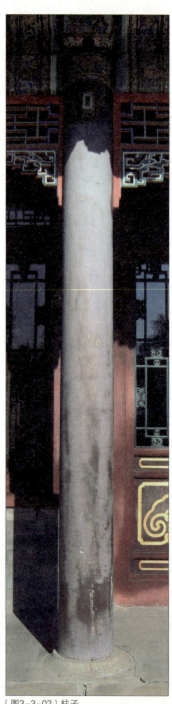

（图3-3-02）柱子

柱"，位于进深方向中部位置的叫"中柱"。一般里面的金柱要比外面的檐柱粗一点。柱子是整座建筑最结实的构件，今天我们经常会把一个团体或者家庭中负担最多的核心人物称作"顶梁柱"，反过来也正好说明柱子对于建筑的核心地位。柱子的最底部落在石柱础上，上端支撑横向的梁，形成稳定的框架结构（图3-3-02）。

梁 梁有长有短，也各有特定名称。按清朝的规矩，需要数数这根梁的上面一共承托了多少檩条，有几根就叫"几架梁"，比如说梁上有三根檩子，就叫"三架梁"；有六根檩子，就叫"六架梁"，依此类推。梁的断面一般都是方形的，只把边棱做成小圆弧，显得更好看一些（图3-3-03）。四合院正房一般都带有前廊，前廊柱子上承托的梁有一个专门的名称叫"抱头梁"，在柱顶露出半个梁头来。

檩 檩又叫檩条，垂直放在梁头上，根据位置的不同各有专称。最下面屋檐处的那根叫"檐檩"，最上边屋脊处的那根叫"脊檩"，其余都叫"金檩"。檩条的断面都是圆形的，与梁的方形截面不同。在所有的檩条中，脊檩的地位最为重要，我们经常说"雕梁画栋"，这个"栋"字原来就专指

（图3-3-03）梁檩椽枋构成示意图

脊檩而言。一座房子安装脊檩是最重要的步骤，通常要举行特殊的仪式庆祝一下，用作脊檩的木料还会披上红布，好像出嫁的新娘子。整个过程被称作"上梁"，亲朋好友常常被邀请过来观礼，像过年一样热闹。

椽 檩条的上面是密密麻麻排列的椽子。从檐口部位看，一长排椽子就好像是牙齿一样（图3-3-04），唐代杜牧的《阿房宫赋》里面曾经形容说"檐牙高啄"，指的就是椽子的样子。最外面的一排椽子叫"飞椽"，紧挨着飞椽的是檐椽，最上面靠近屋脊的叫"脑椽"，其余都叫"花架椽"。北京四合院建筑的飞椽的断面大多是方形的，而其余的椽子都是圆形的，所以有个口诀叫"圆椽方飞"。当然有时也会有例外。椽子大多有

（图3-3-04）椽子

8～10厘米粗，以前有句成语叫"如椽之笔"，主要用来赞美某人的字或文章写得好、有力度，好像是用椽子那样粗的笔写出来的。

枋 枋子是重要的辅助构件，虽然不直接承托重量，却对整个承重系统的稳固起着不可或缺的作用。枋子基本上都位于柱子之间，通过拉牵来加强相互联系。通常每一根檩条的下面都带着一条与自己平行的枋子，二者之间用薄薄的垫板连着，组成一个合作队伍，统称为"檩垫枋"，又叫"檩三件"。外檐面宽方向上檩檩之下、檐柱之间的枋子叫"檐枋"，重要的建筑在这个位置要设置两根额枋，分别叫大额枋和小额枋，好像是兄弟俩。大额枋的上面一般还加一道平板枋。如果建筑的前后有廊子的话，会在进深方向的柱子之间也都布置一根枋子，叫穿插枋。大大小小的枋子纵横穿插，把整个柱网箍成一圈整体，不容易倾斜、倒塌。

望板 椽子上头铺一层木板，叫望板，大概是因为从下面能望得见的缘故。铺到望板为止，大木作结构的工作基本上就差不多了。

模数制度 中国古代建筑的大木作使用特殊的模数制度。具体地说，就是把建筑某一个最关键构件的尺寸作为一个基本的权衡指标，其余所有的构件尺寸都与这个基本尺寸存在固定的比例关系，这种计算方法就叫模数制度，而用来承担权衡标准的构件尺寸就叫基本模数。每座建筑根据等级高低和规模大小，会首先确定其基本模数的具体数值，然后再一一推算各种构件的长度、宽度和厚度。当然，这个推算比例也允许根据实际情况作一定的灵活调整，但不能超出规范的限额。

以四合院建筑为例，其基本模数是最外侧檐柱的直径，先把这个尺寸定下来，其余的所有大木作构件都把这个尺寸作为模数来计算自己的尺寸，比如金柱的柱径是檐柱径再加1寸，五架梁的高度是1.5倍檐柱径，厚度是1.2倍檐柱径，檩条的直径与檐柱径相同，椽子的直径为1/3檐柱径，依此类推。

模数制度体现了中国古代建筑卓越的科学性，可以方便计算，简化设计过程。更重要的是，这种方法严格保证了建筑的安全性和合理性，同时也保证了和谐美观的比例尺寸。▲

外 墙

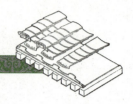

屋身部分除了主要的大木作构件之外,还包括砖砌的外墙。外墙根据位置的不同分为山墙、槛墙和后檐墙三种。

山墙 山墙最重要,四合院中除了垂花门和游廊之外的所有建筑部分都会把平面的两端从下到上用墙封砌起来,这两面墙就叫"山墙"(图3-4-01),因为其顶部是尖尖的三角形,有点像山峰。山墙很厚,

(图3-4-01)山墙

但是并不承重,主要起围合和保温的作用,同时也可以在失火的时候阻止火势的蔓延,所以南方地区又把山墙称作"封火山墙"。

四合院的山墙要从檐柱向外伸出一截,这段墙名叫"墀(chí)头",工匠俗称"腿子"(图3-4-02)。墀头的上部用砖向外再挑出一小段,最上面有一个斜面叫"戗(qiāng)檐",是雕刻花纹的重点地方(图3-4-03)。

山墙的侧面最下面的一段大约占1/3墙高,叫"下碱",上面的2/3叫"上身",再上

(图3-4-02)墀头

(图3-4-03)戗檐

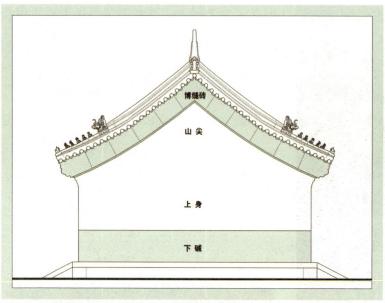

（图3-4-04）山墙构成

面随着坡屋顶高起的三角形部分叫"山尖"，最上面与屋顶边缘相交的一段叫"博缝砖"或者"博风砖"，用专门烧制的若干不规则的方砖随着屋面的曲线仔细拼合而成（图3-4-04）。山墙的墙心可以全部用砖砌筑，也可以留出一块空白的地方进行抹灰，形成一种特别的"软心"。

有时候两座建筑的山墙会正好贴到一起（比如正房和耳房、门屋与倒座房），这样的两堵山墙是各自独立的，彼此之间还留有几厘米的缝隙。

槛墙 建筑正面窗户下面的墙就叫"槛墙"，一般砌80～90厘米高，上面即是窗台。槛墙虽然很矮，但位置很显眼，经常在墙心用砖拼出各种图案，更高级的还布满精美的砖雕（图3-4-05）。

后檐墙 后檐墙指的就是建筑的后墙，从台基一直砌到屋檐

（图3-4-05）槛墙

下（图3-4-06）。后檐墙上多数不开窗，或者只能开较小的高窗。如果要开大窗，就不能设后檐墙，只能设槛墙。有的后檐墙只建到檐枋之下，墙顶做成弧线或折线，把上面的梁枋、椽子都显露出来。还有的后檐墙一直砌到屋顶，把梁枋和椽子都藏在墙内，檐口可以用砖砌成各种形式。▲

（图3-4-06）后檐墙

屋 顶

屋顶做法 古建筑的屋顶实际上很难与屋身大木作部分截然分开。从梁开始,通过梁、瓜柱、檩条的组合,逐渐把坡屋顶的基本造型塑造出来,等做到椽子和望板的时候,屋顶差不多已经完成一半了。接下来的部分是砌上由草与泥土混合而成的灰背,上面再铺上瓦件,屋顶就盖好了。

从檐柱的位置算起,屋顶部分伸出屋身较多的距离,而且一定要超出台基之外,以免雨水直接打在台基上。

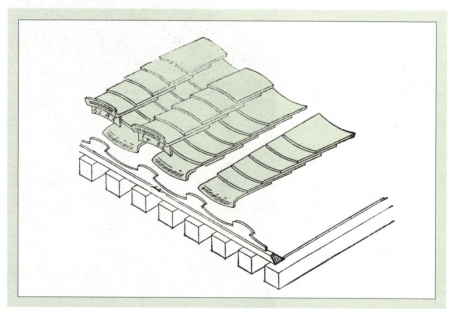

(图3-5-01)屋顶铺瓦方式

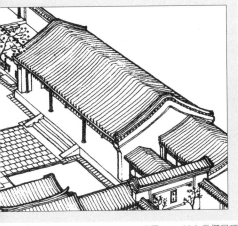

（图3-5-02）卷棚屋顶

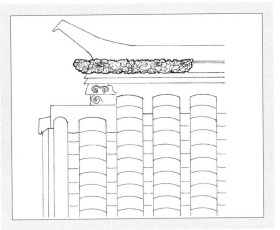

（图3-5-03）清水脊蝎子尾

灰背是混杂了麻草的泥土，铺成厚厚的一层，兼有防雨和保温的功能。

屋顶上的瓦大多是先铺一层仰瓦，也就是凹面朝上的瓦，接着再铺一层凹面朝下的瓦，称为覆瓦，彼此上下咬合，样子有点像蝴蝶翻飞的翅膀，所以又有个很漂亮的名字叫"蝴蝶瓦"（图3-5-01）。等级高的王府和官员住宅不用普通的仰瓦，而是采用一种半圆形截面的筒瓦，显得更气派一些。按照封建制度的规定，绝大多数北京四合院的屋顶的瓦都只能用灰瓦，除了王府大殿之外，不能使用类似故宫中常见的华丽的琉璃瓦，同时也不能使用各种各样的小兽雕塑作为装饰。

多数四合院建筑没有屋脊，屋顶的两个坡面相交的最高处被处理成圆弧的形式，这种形式叫卷棚（图3-5-02）。也有一些等级比较高的四合院建筑在最高处形成一条屋脊，上面雕有花草的图

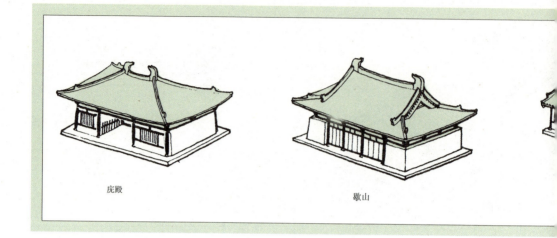

庑殿　　　　　　　　　歇山

案，名叫清水脊，两端还高高地翘起，称作"蝎子尾"（图3-5-03），看上去更气派一些。只有王府的殿宇才在正脊两端安设鸱吻。

举折　细心的读者很容易发现中国古建筑的屋顶轮廓由两条优美的弧线组成，就很像书法中的一撇一捺。从剖面来看，古建筑的梁架部分基本上形成了一个三角形，但这个三角形的两条斜边实际上并不是直线，而是由若干条折线组成的。这些折线正是椽子的轨迹，每一段的斜度需要经过特定的公式计算，具体的计算方法称作"举折"（图3-5-04）。经过举折处理的椽子的组合折线决定了两侧的坡屋面都是弧面而不是简单的斜面。这样可以更加

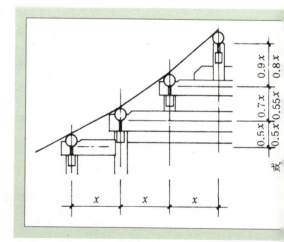

（图3-5-04）清代屋顶举折计算方法

硬山　　　　　　　　　攒尖

（图3-5-05）中国古建筑常见屋顶形式

有效地把落在屋面上雨水排出去，而且赋予建筑以特殊的飘逸美感。

屋顶形式 中国古代建筑的屋顶形式非常丰富，而且是建筑等级最重要的标志之一（图3-5-05）。等级最高的是庑殿，其造型是一个四坡顶，一共有五条屋脊，所以又叫"五脊殿"。其次为歇山，也是四坡顶，与庑殿的差别在于两侧的坡顶增加了两个三角形的垂直面，一共有九条屋脊，所以叫"九脊殿"，形式最为复杂。

更简单的屋顶形式只有两坡，同时屋面向两端延伸出山墙之外，名叫"悬山"。最简单的屋顶就是"硬山"，也是两坡顶，屋面只到两端山墙为止，不向外悬跳。

四合院中不会出现最高等级的庑殿屋顶，除了王府正殿和园林之外也不会采用歇山屋顶。悬山很少用，只偶尔出现在垂花门上。四合院中绝大多数建筑都是最简单的硬山屋顶。

（图3-5-06）两卷勾连搭

（图3-5-07）抱厦

中国古建筑中还有一种特殊的屋顶形式叫"攒尖"，一般平面采用方形、圆形或者六角形、八角形等正多边形，各条屋脊在上空汇聚成一点，一般用在亭子和宝塔上面。此外四合院中有时候也把耳房和廊子做成平屋顶的样式，人可以登上去看风景，但因为排水不畅，比较容易漏雨甚至坍塌。

勾连搭 有的建筑的进深很大，屋顶也做成前后并联的若干两坡顶的形式，这种做法就叫"勾连搭"，其中包含几个两坡顶就叫"几卷"，最多可以达到四卷之多。北京四合院中两卷勾连搭是比较常见的（图3-5-06）。

抱厦 有的建筑在前面或者后面接出单独的一段屋顶，与主体部分的关系类似勾连搭，但尺度明显要小于主体，形成"凸"字形的平面，这种形式叫"抱厦"。北京四合院中的个别正房或者厢房可能建有抱厦（图3-5-07）。▲

外檐装修

前面已经交代过，一座建筑的主体部分分为大木作和小木作两个系统，其中小木作主要起围合或分隔、装饰的作用，没有承重的功能，但地位也很重要。一座建筑往往因为大木作部分而显得健壮，却因为小木作而变得生动、精致。小木作的形式可以有很多细节变化，不但与石头台基、砖墙、瓦屋面形成鲜明的材料差异，同时也和刚劲的大木作构件形成虚实、体积、色彩方面的对比。

小木作的本质相当于木装修，凡室外的部分就叫外檐装修，室内部分叫内檐装修。吊挂楣子、坐凳栏杆、门窗属于外檐装修，天花和各种隔断属于内檐装修。

吊挂楣子与坐凳栏杆　四合院中的游廊和建筑的前廊一般会在檐柱间枋子

（图3-6-01）吊挂楣子与坐凳栏杆

（图3-6-02）隔扇门

（图3-6-03）支摘窗

下面设置一种镂空的长框，这种长框就叫"吊挂楣子"；与此相对应，下面也会同时在檐柱之间设置一种窄窄的坐凳，只有40~50厘米高，既可以坐人，也有栏杆的作用，所以叫"坐凳栏杆"（图3-6-01）。吊挂楣子和坐凳栏杆构成一幅美丽的景框，还可以通过阳光的照射在门窗和槛墙上留下生动的投影。

隔扇门 四合院建筑大多使用隔扇门（图3-6-02）。这种门都安装在两根柱子之间，带有镂空的格子。隔扇门一般分为四个门扇，只有中间的两扇可以开启，其余是固定的。四合院建筑经常在隔扇门的外面装上帘架，挂上门帘。

隔扇上的花纹很丰富，以棂花的等级最高，民间则以灯笼框和步步锦最为常见，此外还有冰裂纹、万字、套方、龟背锦等多种图案。

支摘窗 北京四合院主要采用一种特殊的支摘窗（图3-6-03）。这种窗户本身不像我们今天的住宅那样分成左右两扇，而是分作上下两部分，其构造很自由，上部可以推开，并通过窗钩支起来；下部平时一般是固定的，夏天的时候则可以摘下来，更加利于通风。上支下摘，所以才叫"支摘窗"。

支摘窗一般都分里外两层，外层糊纸，内层做纱屉，相当于现代的纱窗，可挡蚊虫，又保证了采光、通风，而且还有保温作用。清代中叶以后外层逐步改用玻璃，效果更好。▲

内檐装修

天花 天花是中国古代建筑室内最重视的装修部分,不但可以挡住屋顶落下的灰尘,更可以美化室内空间。清朝最高等级的天花叫"井口天花",用木头支条纵横交叉,搭成井字形的方格,作为天花的骨架,再在上面放一块一块的木板,板上再画上精美的花草图案(图3-7-01)。一般宫殿和王府中才做这样的天花,大多数四合院做的是等级比较低的海墁天花,又叫"软天花",具体做法是用木条、秫秸秆子作龙骨,外面糊一层麻布和白纸或暗花壁纸。以前京城裱糊天花的匠人手艺很高,堪称一绝。

一些次要的建筑并不做天花,把上面的梁架全部显露出来。

隔断 室内另一类重要的木装修是隔断。四合院中最常见的隔断形式有板壁、花罩、博古架和碧纱橱四种形式,可以灵活分隔内部空间(图3-7-02)。

板壁就是木板墙,南方又称太师壁,常置于堂屋正中,上面可以雕大幅的图案,

(图3-7-01)天花图案

（图3-7-02）北京鼓楼东大街某宅室内隔断

也可以悬挂卷轴的书画作品。

　　花罩类似于门框的效果，式样很多，可以分圆罩（图3-7-03）、几腿罩、落地罩、飞罩、栏杆罩等多种样式。

　　碧纱橱（图3-7-04）和隔扇门的形式差不多，只不过没有用在外墙上而是用在内部的隔断上，一般情况下除中央两扇可开启外，其余固定，其内心部分常常两面夹纱，上绘图案或书法。

　　博古架用木板分成很多大小不等的格子，一般用来陈列古玩和工艺品，也可以用作书架，给室内增添清雅的气氛（图3-7-05）。博古架可以采用固定的装修方式打造，也可以采用可移动的家具形式，效果是一样的。▲

（图3-7-03）四合院建筑中的圆罩

（图3-7-04）四合院建筑中的碧纱橱

（图3-7-05）博古架

家具陈设

四合院建筑的家具和陈设往往与内檐装修融为一体，达到完美统一的境界。

北京四合院中家具与日常生活联系十分紧密，主要的种类包括用来睡觉或躺卧休息的床、榻，用来放置文房四宝、食物、花瓶的桌、案、几，用来展示各种器玩工艺品、书籍的博古架、书架，兼有隔断、遮挡功能的屏风，用来坐的椅子和凳子（图3-8-01），用于存放衣物、细软的柜（图3-8-02）、箱等等。

（图3-8-01）圆凳

（图3-8-02）立柜

在正厅中经常靠北墙放置一张较高的条案，案上摆放花瓶、自鸣钟（图3-8-03）；案子前面是一张八仙桌，两侧各放一只靠背椅（图3-8-04），显得堂皇而气派；有的厅里还设有榻，其形式介于床和椅子之间，比较宽，后带靠背，两侧有扶手，可以坐也可以躺；卧室中的床经常做成架子床的形式，四面有立柱和围栏，好像是一个室内的方亭子（图3-8-05）；几的种类很多，包括专门放在炕

（图3-8-04）靠背椅

（图3-8-03）条案

（图3-8-06）方茶几

（图3-8-05）床

上的短腿炕几、搁置茶壶茶杯的茶几（图3-8-06）、排放花盆的花几、放琴瑟乐器的琴几等等，高矮长短差别很大；书房中的桌案一般比较长，可以放笔墨纸砚等各种东西，很方便写字作画（图3-8-07）；吃饭可以用长方形的桌子，也可以用圆桌，还可以用小的几案。

明清以来，北京最重视紫檀、黄花梨、红木等名贵木材打造的家具，并且受到南方的很大影响。历史上北京四合院中的传统家具达到极高的工艺水平，现在已经成为价值高昂的收藏品，并且不断被仿制。▲

（图3-8-07）书桌

肆 四合院的房屋类型

北京四合院中的房屋包括大门、垂花门、正房、厢房、耳房、倒座房、后照房等等，形式大体类似但各有特殊的讲究，根据不同的情况又可以划分出许多不同的类型；而游廊和墙壁也是组成四合院的重要的元素，同样表现出丰富多彩的造型特色。

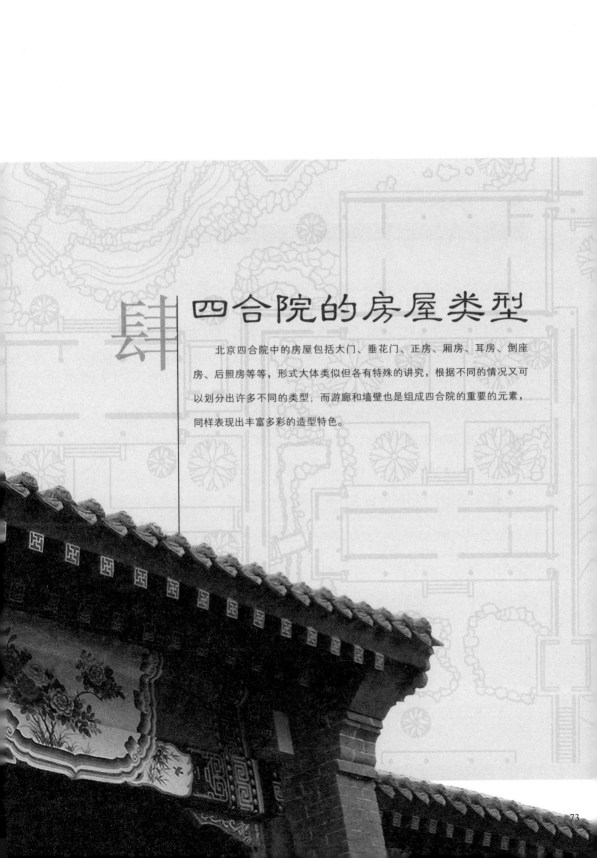

大　门

　　大门是住宅等级的一种象征。清代的制度规定王府的大门设于中央，亲王府五间，郡王府三间，等级很高，其余所有的府宅（包括贝勒、贝子、公侯伯子男各等爵位以及大学士、尚书等等高官的住宅在内）和普通四合院的大门都只有一间。

　　大多数正常朝向的四合院的大门均设于东南角，面朝南开。按照八卦的概念，东南属于"巽"位，主生，最为吉利。一些朝东、朝西或者朝北开设的大门，一般尽量位于整个宅院面向胡同一侧的右角。

　　单间大门属于门屋的样式，其本质就是一间硬山房，台基和屋顶都比

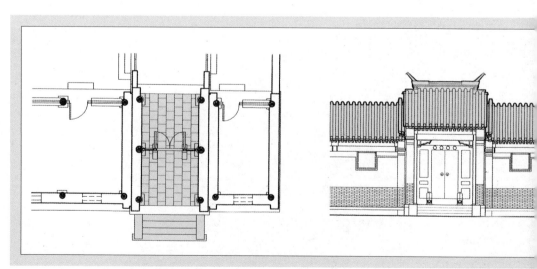

（图4-1-01）广亮大门平面、立面、剖面图

旁边的倒座房要高出一截。单间大门从外观看基本上都差不多，但也有很明确的等级划分。区分等级高低的关键就在于门扇的安装位置。如果门扇安在两根中柱（进深方向中央位置的柱子）之间，就叫广亮大门（图4-1-01），在所有单间大门中等级最高，门前的空间最为宽阔，显得很敞亮（图4-1-02～图4-1-03）。

如果把门扇往外移一段距离（大约1.3米左右），设在金柱的位置上，就叫金柱大门，比广亮大门低一级（图4-1-04～图4-1-06）。

（图4-1-02）广亮大门之一

（图4-1-03）广亮大门之二

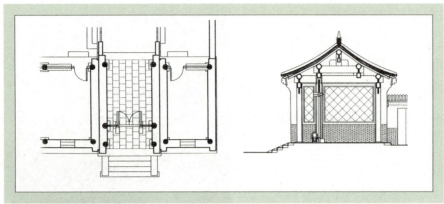

（图4-1-04）金柱大门平面、剖面图

（图4-1-05）金柱大门之一

（图4-1-06）金柱大门之二

比金柱大门再低一级的是蛮子门，门扇又往外移一段距离，安装在檐柱的位置上（图4-1-07），这样门前基本上就不留什么空间了，显得局促一些（图4-1-08～图4-1-09）。"蛮子"是从前北方人对南方人的贬称，传说这种大门形式是来京做生意的南方商人率先采用的，遂因此而得名。

比蛮子门等级更低的是如意门，具体形式是在前檐柱之间砌筑砖墙，中央留出一个门洞来安装门扇（图4-1-10）。如意门屋檐下经常雕刻很多花纹，显得很精致。门上额经常雕刻"如意"二字或者雕刻如意形的图案，故称"如意门"（图4-1-11～图4-1-12）。

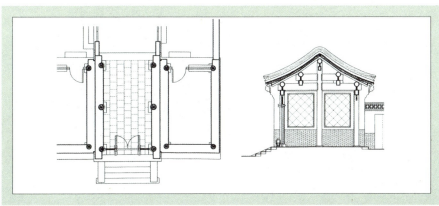

（图4-1-07）蛮子门平面、剖面图

（图4-1-08）蛮子门之一

（图4-1-09）蛮子门之二

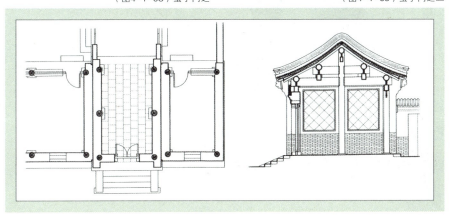

（图4-1-10）如意门平面、剖面图

(图4-1-11)如意门之一

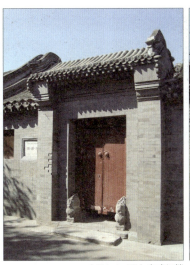

（图4-1-12）如意门之二　　（图4-1-13）中式门楼　　（图4-1-14）简易门楼

以上四种单间大门都是门屋的形式，更简单的四合院大门是门楼。门楼并不是真正的楼房，只是在墙上直接用砖砌筑一个入口门洞，其中安装门扇，与院墙浑然一体，没有内部空间（图4-1-13～图4-1-14）。门楼同样可以雕刻得很精致。清代乾隆以后，由于受到西方文化的影响，一些门楼混合了西洋建筑手法，表现出西式风格或者中西合璧的样式（图4-1-15～图4-1-16）。

（图4-1-15）西式门楼之一　　（图4-1-16）西式门楼之二

（图4-1-17）门枕石　　　　　　　　　　　　（图4-1-18）抱鼓石（门墩）

大致说来，广亮大门、金柱大门是不同品级官员住宅的专利，蛮子门多为富商住宅采用，普通居民住宅大多修建如意门和门楼。通常看一户人家大门的形式就能猜出主人的身份高低，所以北京人把官宦豪门称为"大宅门"，把普通人家叫"小门小户"，门成为家庭社会地位的直接体现。当然，各家的大门形式也不是永远不变的。有的人家的儿子当官了，就可以把原来等级低的门楼改换成金柱大门或广亮大门；有的人家衰落了，也会把原来的广亮大门改成蛮子门或者如意门。

大门包含很多细节。所有的大门都设有门槛，门槛上安装一种特殊的石质构件，这种构件用一整块石头雕琢而成，内外形状不同，内侧呈方形，上面有窝眼承接门扇的转轴，名叫门枕石（图4-1-17）；门枕石的外侧部分凿为长方形或圆鼓形，称作抱鼓石，民间称之为门墩，又把方形门墩称作"方鼓子"，圆形门墩称作"圆鼓子"。门墩主要起装饰的作用，是雕刻的重点，上面经常刻有复杂的各种兽面图案，表达辟邪、吉祥的寓意（图4-1-18）。

门扇的上方安装一组木构件来固定门框的中槛，一般是四个或两个，断面呈六角形，位置、形状和功能都与古代妇女固定发髻的簪子很相似，因此叫做门簪（图4-1-19）。门簪也是装饰的重点部位，可以刻画牡丹、荷花、菊花、梅花四季花卉，也可以写上"福禄寿喜"、"平安吉祥"、"国泰民安"等吉利字。广亮大门、金柱大门的檐枋下侧的两端需要安装一种外形接近三角形的曲线构件，名叫雀替（图4-1-20）。

门扇几乎都是双扇，用非常厚重的木板拼合而成，与其他房屋上轻巧的隔扇门截然不同，需要用力才能推开（图4-1-21）。富贵人家的大门门扇上常常装设一对铜质的兽面，嘴里叼着门环，这种构件叫做铺首（图4-1-22），是由来已久的装饰物。门扇背后装有门闩，用来扣紧门户。

（图4-1-19）门簪

（图4-1-20）雀替

（图4-1-21）门扇

（图4-1-22）铺首

垂花门

从前俗话说"大门不出,二门不迈",这个"二门"就是垂花门。只有两进以上的四合院才会设置垂花门,用来区隔内外两重院落。

垂花门位于中轴线上,只有一间,四根柱子,体量很小巧。其最特别的地方是两侧柱子之上的梁向前挑出,梁头位置竖立一根悬空的短柱,短柱的下端雕刻成莲花花苞的形状。这种短柱叫垂莲柱,垂花门也因为这个垂在空中的莲花柱头而得名。垂花门的其他部位,比如檐枋、雀替、花板以及抱鼓石等,同样都充满雕刻。在整个四合院中,垂花门是最精致的一个建筑(图4-2-01~图4-2-02)。

垂花门的屋顶大多采用卷棚悬山的形式。更复杂的屋顶样式名叫一殿一卷,分成两个部分,前面是一个带正脊的悬山,后面是一个卷

(图4-2-01)垂花门之一

棚悬山，二者以勾连搭的方式组合在一起，看上去很别致（图4-2-03～图4-2-04）。

垂花门的前檐柱安装门扇，也是双扇形式，比大门的门板要薄一些，可以开启关闭；后檐柱通常安装四扇屏门（图4-2-05）。所谓"屏门"，就是兼有屏风功能之意，主要起遮挡视线的作用，平时无法开启，只有逢到重要节庆活动或者喜事丧礼的时候才把这几扇门打开。另外需要注意的是前檐柱上的门扇与其他门窗一样刷红色油漆，只有屏门刷绿色油漆。

（图4-2-02）垂花门之二

（图4-2-03）一殿一卷垂花门三维模型

(图4-2-04)一殿一卷垂花门

（图4-2-05）屏门

正 房

　　正房一般是面阔三间或者五间，进深方向经常采用七檩构架，也就是安排七根檩条，前后共四排柱子，两面都设有外廊，显得宽敞明亮（图4-3-01）。一些小四合院的正房可以只设前廊或者前后都不设

（图4-3-01）五间正房

（图4-3-02）三间正房

廊子（图4-3-02）。由于正房是整个住宅中等级最高的建筑，其屋顶不但要高出厢房、耳房一大截，而且有时还带有屋脊，更显得比其他的卷棚屋顶高大许多。

正房中央的明间一般用作起居厅，次间或者稍间用作主人的卧室。北京冬季寒冷，卧室中经常设有炕。这些炕都紧靠前檐墙或者后檐墙，下面挖有坑洞与外面相连，冷天时可以在外面添柴烧火，把炕烧热。▲

厢房

厢房大多是三间，比正房要矮一些。多数厢房带有前廊而不设后廊，这样有可能出现前檐低而后檐高的现象，工匠把这种样式叫"撅尾巴房"。当然，只要对梁架略做调整，使得两面的屋檐高度一致，也可以避免"撅尾巴"。一些小四合院也可以不设廊子（图4-4-01）。▲

（图4-4-01）厢房

耳 房

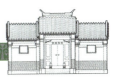

耳房一般位于正房两侧，紧贴着正房的山墙，大多只有一间，少数为二间，格局很小，通常用作辅助用房或者储藏室，也可以用作卧室和书房。一些大四合院的厢房一侧也可能设置耳房，情形类似。另外为了节约建造成本，耳房有时也会做成简单的平顶形式（图4-5-01）。▲

（图4-5-01）耳房

倒座房

倒座房位于整个四合院的前侧，前檐面朝院内，后檐墙临街，一般不开窗户或者只能开设高窗。倒座房地位不高，开间和进深的尺寸小于正房、厢房，也比门屋略小。有些大四合院临街建有一长排十几间倒座房，但很少被人注意（图4-6-01）。▲

（图4-6-01）倒座房

后照房

后照房的地位与倒座房相似,也是前檐朝向院内,后檐墙临街,区别在于其位置在整个四合院的后侧,方向正好与倒座房相反。后照房属于后院,比倒座房所在的前院要私密得多,朝向也好,适合女眷居住,也经常用作佣人房或其他辅助用房(图4-7-01)。

王府以及少数大宅子将后照房建成两层楼的形式,又叫"后照楼"。

(图4-7-01)后照房

游 廊

说到四合院不能不提游廊。典型四合院的内院都用一圈游廊环绕,把正房、厢房和垂花门串联在一起,平面形状好像人冬天把手臂抄在一起似的,因此又叫"抄手游廊"(图4-8-01)。

北京四合院的游廊都采用四檩卷棚的形式(图4-8-02),宽度大多为1.3米左右(合清代四尺),上面设吊挂楣子,下面设坐凳楣子,人随时可以在廊下休息小坐(图4-8-03)。▲

(图4-8-01)游廊之一

（图4-8-02）游廊梁架

（图4-8-03）游廊之二

照壁与院墙

照壁和院墙都是独立于其他房屋之外的墙壁，实际上也可以看作是一种特殊的建筑类型。

前文说过，中国古代建筑可以分为台基、屋身和屋顶三个部分，实际上影壁和院墙也可以划分为基座、墙身和墙顶三个部分。多数墙壁的基座只是简单的石台基，非常低，少数高级的做成须弥座的样式，分成若干层，雕

（图4-9-01）墙壁构成

(图4-9-02)八字墙

饰很丰富；墙身与建筑山墙的墙身一样，可以分为上下两个段落，下面是"下碱"，上面是"上身"；屋顶很短，但同样模仿房屋建筑铺设瓦件（图4-9-01）。

等级高的住宅的大门两侧经常做成"八字墙"的形式，而且上面雕刻花纹（图4-9-02），显得很隆重。

（图4-9-03）宅门对面影壁

（图4-9-04）宅门内照壁

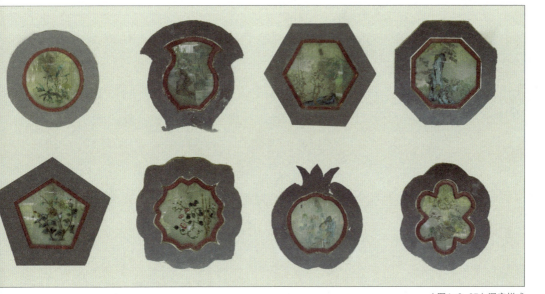

（图4-9-05）漏窗样式

影壁是最富有装饰性的墙面，一般设在两种位置。一种是位于宅门的对面（图4-9-03），隔着胡同与大门相对；另一种位于宅门内，迎门而建，又叫"照壁"（图4-9-04）。照壁上经常缠满爬山虎，前面经常放置水缸、花盆以作点缀。

影壁的屋顶用砖砌成硬山式或悬山式，墙身中央称作"影壁心"，通常以大块方砖斜拼，或者雕刻花草图案以及吉祥词句。

院墙的形式比影壁要简单一些，主要起分隔内外的作用，一般没有装饰的功能。唯有内外院之间的那道隔墙与垂花门相接，地位最为重要，被称作"看面墙"，需要对墙心进行雕饰，或者在墙上开设形状不同的什锦漏窗。这些漏窗的造型受到江南园林的影响，可以形成圆形、扇面、八角、茶壶、葫芦、双环、套方、桃子、贝叶等等各种样式，成为一幅幅小型的立体景框，增加了空间的趣味。晚清以后，这类什锦窗经常装设双层玻璃，还可以在玻璃上画上山水、人物、花草图案（图4-9-05）。▲

伍 四合院的建造施工

四合院建筑的建造施工过程与其他古建筑类型基本一致,都采用传统的材料和施工方法,木、瓦、石、砖、油饰彩画等各工种密切配合,工序繁多,与现代建筑的施工有很大的不同。

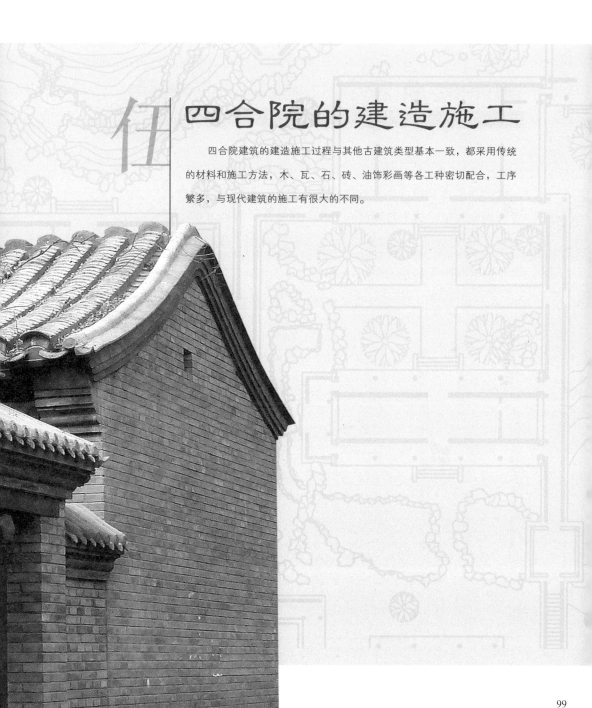

测平定向

施工之先，需要先平整土地，并确定标准的水平面高度和朝向方位，这个过程就叫"测平定向"，在此基础上才能进一步放线，确定具体的建筑台基、柱子、墙壁的位置和相应的尺寸（图5-1-01）。▲

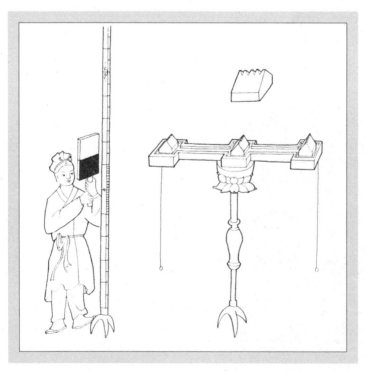

（图5-1-01）古人测平定向想象图

夯土筑基

四合院建筑的基础部分主要以夯土的方式完成。所用的材料叫做灰土，其中70%的成分是黄土，其余30%是石灰，搅拌均匀后，以人力反复夯打，期间还要洒水，以保证达到密实的程度（图5-2-01）。

每根柱子的下面要用砖砌构筑磉墩，磉墩的上面安放柱顶石，柱顶石露出台基的部分就是我们所能看见的柱础。基础高出地面的部分是台明，其边缘和角部均用石块包砌，而表面和四周则砌砖。▲

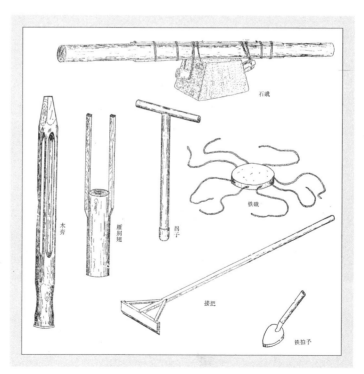

（图5-2-01）夯土常用工具

石 作

四合院建筑主要在台基部位使用石材，包括台阶、垂带石、阶条石、角柱石、柱顶石等构件，都是很关键的地方，需要结实耐磨的石头来承担。这些石头都经过精心的打磨加工，表面光滑温润（图5-3-01）。

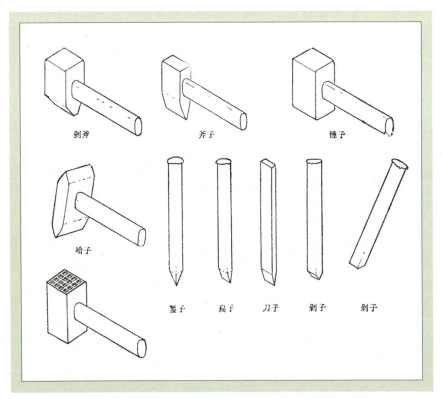

（图5-3-01）石作常用工具

木料加工

四合院建筑的主体材料是木头,包括梁、柱、枋、檩、椽等大木构件和门、窗、天花等小木构件都是预先加工,然后在现场组装完成。

大木构件需要承受很大的荷载,对木料的要求很高。树木砍伐之后一般需要放置半年以上才能基本去除水分,而且还要剔除一些虫

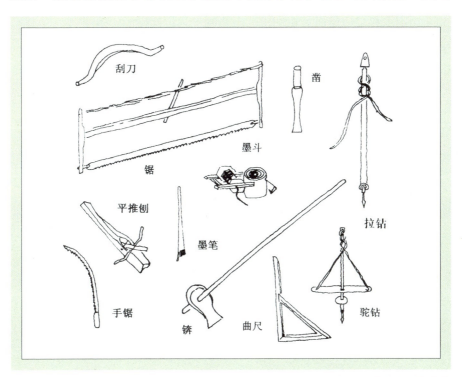

(图5-4-01)木作常用工具

蛀、裂缝和糟朽的次品。

合格的木料按照其尺寸确定具体的用途，大木料用作柱梁等大构件，小木料用作椽子或装修构件，尽量提高出材的效率，减少浪费。

选定木料之后就进行粗加工，主要的工具包括锯子、锛子、刨子、斧子、铲子等等，各有用途，柱子、檩条等构件先刨成圆形，梁、枋等构件就砍削成方形，以作备用（图5-4-01）。

粗加工之后是精加工，需要在粗料上画线，使用丈杆、墨斗、样板等工具画出构件具体的形状。由于一幢房子的构件数量成百上千，同一类型的构件也往往有几十件之多，一一加工完成后还需要在每个构件上用墨笔标注未来的安装位置，比如"正房明间左侧前檐柱"、"厢房次间五架梁"等等，这样安装的时候才能保证对号入座，不至于发生错误。

由于长期开采滥伐，清朝以后中国本土的大型木材资源日益枯竭，很多房子建造的时候很难找到完整的大料，包括梁柱在内的一些构件只能采取多块小木料拼接的方式组合而成，属于不得已而为之的办法。这些组合木料用铁圈牢牢地箍在一起，外表刷上油漆彩画之后也看不出来。▲

榫　卯

　　中国古建筑的大木作构件几乎都是通过榫卯来连接的，四合院中的建筑同样如此。"榫"指的是构件上附带的凸起部分，"卯"指的是凹入的开口部分，两个需要组合的构件一个带榫，一个带卯，彼此一迎合，就卡在一起了，严丝合缝（图5-5-01）。榫卯的形状也有很多种，比如柱子底部用一种管脚榫，柱头和梁头之间用馒头榫，而各种枋子与柱头之间经常做成一种"燕尾榫"，头部大，根部窄，与之相应的卯口则是里面大，外面小，一旦安上，特别牢靠，不容易脱离。榫卯这种构造方式特别合理，留有若干伸缩的余地，属于柔性的连接，遇到地震、大风时可以减少危害。木料在预制加工的时候就把榫卯做好了。

　　大木作中只有椽子等断面小的构件用钉子钉在檩条上，由于钉子并不外露，所以很多人误以为中国古建筑只用榫卯而完全不用钉子。实际上这是一个误解。

　　绝大多数小木作构件也都通过榫卯来连接，包括窗户上细小的棂条。这需要很精确的加工手段，也充分反映了古代中国木工的灵巧技艺。▲

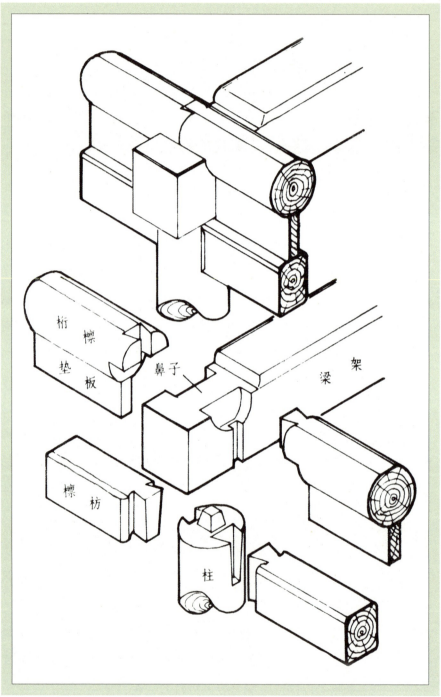

(图5-5-01)榫卯连接示意图

叠梁架屋

全部预先加工好的木构件安装起来很快。顺序是先装大木作，然后完成砖墙、屋顶，最后才安装小木作（图5-6-01）。

大木作由下到上逐次安装：先竖立柱子，再架大梁，梁上加短柱，再加梁，构成完整的梁架体系；然后在柱间加枋子，在梁的两端加上檩条，檩条上放置椽子，椽子上叠置望板，就完成了叠梁架屋的主要任务。▲

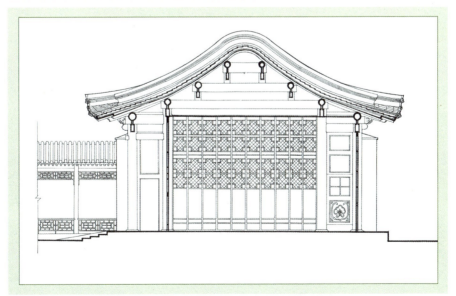

（图5-6-01）建筑剖面图

砖 作

砖是用黏土烧制而成的建筑材料。中国古代很早就出现了砖，但以往产量较少，只在建筑的一些局部位置使用，明代以后才开始大规模用砖，提高了建筑的坚固程度和保温、隔热效能。明朝科学家宋应星所著的《天工开物》中就有烧砖的详细文字记载和插图（图5-7-01）。

（图5-7-01）《天工开物》中的制砖工艺

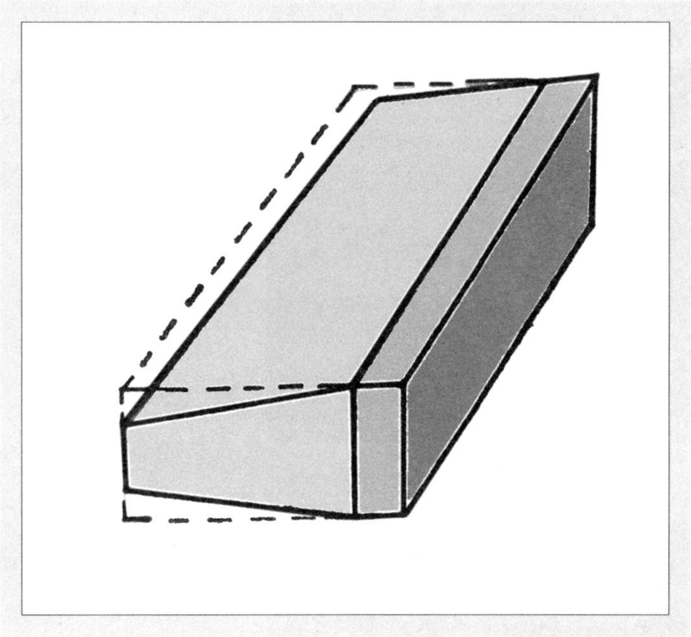

(图5-7-02)五扒皮砖

　　北京四合院的砖作十分考究，使用砖料也分不同类型。砌墙用停泥砖，铺地用较大的方砖，影壁、檐口、博缝、戗檐等特殊部位使用专门特制的砖。经过烧制的砖料只是糙砖，表面并不平整，需要对其中的几个面进行进一步的加工。最讲究的做法叫"五扒皮"，即把砖的五个面都作砍削打磨，经过这样处理的砖的断面是梯形的，专门用于砌筑"干摆"砖墙（图5-7-02）。

　　干摆是一种很高级的砌砖方法，也就是我们平常所听说的"磨砖对缝"，每皮砖之间不留砖缝，用在槛墙、山墙下碱、影壁等重要的地方，从外观来看砖块彼此之间紧密地组合在一起，浑然一体（图5-7-03）。干摆选择大号的停泥砖，具体的方式是把"五扒皮"砖铺好一层后，浇灌一种用白灰和黄土调制的桃花浆，然后再铺上一层，每铺五层就需要晾一段时间，等灰浆基本凝固以后再接着铺砌。砌完后还得对墙的表面进行反复打磨，保证平整，最后用水冲洗，显得特别干净利落。

"丝缝"是另一种高级的砌砖方法，经常与干摆配合使用，一堵墙的下碱用干摆，上身通常就用丝缝，二者形成微妙的对比效果。丝缝砌法大多采用较小的停泥砖，与干摆的严丝合缝不同，丝缝砖彼此之间留有2～4毫米的细缝，每铺砌一层，都要抹上一层薄薄的灰条，里面同时浇灌灰浆，砌完后也得对墙面进行打磨和冲洗，最后必须用灰色或白色的灰浆把细缝仔细描一遍（图5-7-04）。

比丝缝低一等的砌法是"淌白"，用在一些次要房屋和院墙上居多，方法其实与丝缝差不多，只是对砖料和砌筑的精度要求降低，砖彼此之间的缝隙加大，完成后无须打磨和冲水，只要清扫干净就可以了。

最简单的砌法是"糙砌"，使用没有经过精细加工的糙砖，对精

（图5-7-03）干摆砖墙

（图5-7-04）丝缝砖墙

（图5-7-05）方砖墁地

度的要求更低。为了节约材料和工序，也可以在一些较厚的墙内芯使用糙砖，外面再用干摆或丝缝的方式砌上好砖。

四合院的室内和室外地面都要铺砖，这个工作统称为"墁地"，与砌墙相似，也按精细程度分为几种不同的做法。最细的做法是"细墁"，用于主要房间的室内（图5-7-05）；其次是"淌白墁地"，用于次要房间的室内；最简单的是"糙墁"，用于散水、甬路以及其他室外铺地（图5-7-06）。地面铺砖之前需要先筑垫层，然后再一块一块铺上砖，保证平整结实。▲

（图5-7-06）散水铺砖

瓦 作

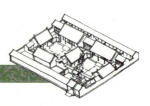

四合院屋顶部分的工程主要属于瓦作的范畴。为了保证屋面不漏水渗水，在铺瓦之前需要先在望板上打厚厚一层的灰背，这个过程叫"苫（shān）背"。苫背也分若干层，主要由麻刀石灰、泥背组成，其间掺入大量的麻质纤维，加强整个灰背的强度。

安装瓦件的工作称作"窝瓦"。四合院建筑有筒瓦和合瓦两种铺瓦方式。筒瓦只有王府和官僚宅第才能使用（图5-8-01），普通民宅只能采用合瓦。铺瓦的时候先铺底瓦，把瓦仰面朝上，一块压一块地向上逐步安设，工匠有个口诀叫"压七露三"，意思是铺瓦的时候上面一块要压住

（图5-8-01）筒瓦顶

（图5-8-02）屋顶兽件造型

下面一块的70%，以求减少渗水的概率。当然，实际情况中也经常采用"压六露四"的方法。

中国古代的宫殿、佛寺的屋顶上经常出现各种各样的动物图案，包括吻兽、垂兽、仙人骑鸡、海马、狻猊等等（图5-8-02），而且富有生动的传说故事。但是除了王府之外的绝大多数的四合院建筑的屋顶是不能设置这类兽件的，最高级的房屋也只能安装一条带有花草图案的清水脊，其他房屋以卷棚屋顶为主。▲

木装修

　　小木作是在大体成形的房屋上进行的内外檐装修工作,所用的构件比较细小,但对工艺的精度要求更高(图5-9-01)。各种小木构件,如栏杆、楣子和门窗的槛框、门扇、窗扇以及室内的隔断、天花等也都是预先制作好,然后再逐一安装完成。▲

(图5-9-01)木装修

雕 饰

北京四合院极重雕饰，木、砖、石三种材料的构件上都经常刻有大量的精美造型和图案，表现出极为精湛的艺术水准。

四合院建筑以木构为主，其中很多木构件都含有细腻精巧的木雕。最漂亮的木雕集中在垂花门上，垂莲柱、花板上都充满了丰富的纹饰图案（图5-10-01）；正房、厢房檐下的吊挂楣子经常带有连续的松竹花草图案（图5-10-02）；梁头等大木构件的端头都刻成特定的弧线造型，增加了美感；此外坐凳以及室内的隔断上也都带有雕刻。

（图5-10-01）垂花门雕饰

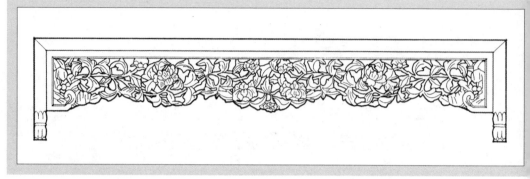

（图5-10-02）吊挂楣子雕饰图案

木雕比砖雕和石雕更为精细，主要使用凿子和小锯条完成。四合院中的木雕以浮雕为主，有时候也会出现富有立体感的圆雕和镂空的透雕。透雕的效果类似剪纸，大多用于室外的吊挂楣子和室内的花罩。

砖雕经常出现在墙心、墙头以及屋脊上，硬山建筑墀头顶部的戗檐位置尤其是砖雕的重点所在。戗檐砖雕最常见的图案是松竹花鸟，由于戗檐砖高高在上，同时又向下略作倾斜，很便于人站在下面驻足观赏（图5-10-03）。影壁中心的砖雕图案的外轮廓接近菱形，但通常由许多复杂的弧线组成，很有层次感。此外，如意门的檐下也经常缀满砖雕，以连续的几何纹样为主，有时也可以出现连环画似的几幅花鸟或人物图案，耐人寻味（图5-10-04～图5-10-05）。近代少数四合院受西方建筑影响，院内设置砖砌拱门，但门上的雕饰依然采用传统图案（图5-10-06）。

砖雕工艺分两种情况，一种是先在黏土砖坯

（图5-10-03）戗檐砖雕

（图5-10-04）如意门砖雕

（图5-10-05）门额砖雕细部

（图5-10-06）东棉花胡同某四合院砖雕拱门

上雕刻，雕好后再进行烧制；另一种是直接在已经烧好的成品砖上进行雕凿。砖雕都是浮雕，雕刻的过程有点像篆刻图章，工匠需要使用錾子等工具反复刻挖打磨，是一项很费工夫的活计。

　　石头要比砖硬得多，也更适宜雕刻。中国古代石刻的历史非常悠久，北京四合院很好地继承了这个优秀的工艺传统。宅门两侧的鼓形抱鼓石（门墩）是石雕的重点，其正面和侧面都要细加雕琢，其中正面经常刻各种形态的狮子，少数抱鼓石的上面直接蹲一只小狮子；侧面上下分为圆形的鼓面、螺旋形的小鼓、三角形的包袱角和方形的须弥座几个层次，其中鼓面除了狮子以外还可以刻麒麟、松鹤、花草图案（图5-10-07）。十多年前有一位日本老人对北京四合院雕饰精致的门墩情有独钟，自费收集了很多废弃的门墩，后来集中在一起设立了一个展览室，还出版了一本专著，引起很大的轰动。

（图5-10-07）各式门墩雕刻（24幅）

(图5-10-07)(续)

（图5-10-08）石雕狮子

等级高的府宅门前可以放置一对石狮子，可大可小，栩栩如生（图5-10-08）。

古人出门经常骑马、坐马车或者乘轿子，上马、上车、上轿的时候需要有高一点的东西临时垫一下脚。四合院的宅门外经常出现的上马石就起这个作用，外观呈两级台阶的形状，一般高60厘米多一点，以整块的石头做成，三面各雕一个三角形的包袱角图案或者更复杂的麒麟、鹿、马图案。也有些上马石只是一块打磨光滑的石头，没有经过雕刻（图5-10-09）。

与上马石相对应，宅门外还会埋置一个小石柱，一般20厘米见方，高100厘米左右，上面刻一个洞眼专门用来拴马的缰绳，因此叫做拴马桩（图5-10-10）。更简单的方法是在宅门旁边的倒座房的后檐墙的墙根处留一个小洞口，直接埋一个小石构件，也同样可以起到拴马桩的作用。

有些四合院面临街角，为了防止来自街上的"邪气"冲撞本宅，会在墙上竖埋一个大约1米高

（图5-10-09）上马石

的石刻构件，顶部刻虎头图案，中间留白或者刻"泰山石敢当"五字（图5-10-11）。

　　石雕分平面浮雕和立体圆雕两种形式。浮雕用的多，需要先在石料上画底稿，然后用錾子浅浅凿出纹路，再作进一步的大雕细琢。圆雕是先把石料大致凿出轮廓，然后再进一步细雕。▲

（图5-10-10）拴马桩　　　　　　（图5-10-11）泰山石敢当

油饰彩画

中国古代木建筑具有很多的优点,比如运输和加工方便、可以灵活安装等等,缺点主要是难以防火,其次是容易受到虫蛀和湿气侵袭而糟朽。为了预防后一种情况,长期以来中国古建筑一直在木构件的表面加上一层油饰彩画,可以起到有效的保护作用,同时也带来极为丰富的色彩效果,成为中国建筑的一个重要特征。

所谓的油饰不是仅仅刷一层油漆那么简单,需要先在构件的表面打上底子,称作"地仗"。地仗的成分包括砖灰和麻、布等纤维材料,还要掺入经过加工的猪血,分若干层施加在构件上,形成一个厚厚的灰壳,如同

(图5-11-01)和玺彩画

（图5-11-02）旋子彩画

（图5-11-03）苏式彩画

给构件穿上衣服。施完地仗之后才进行油漆，颜色以红色为主，辅以绿色和黑色，对比很强烈。

彩画是进一步的外部装饰，主要用在枋子、垫板和梁头等部位。清代的彩画主要分和玺彩画、旋子彩画和苏式彩画三大类。其中和玺彩画以龙的图案为主，等级最高，只能用在宫殿和皇家园林（图5-11-01）中；旋子彩画的主要图案是花瓣，王府建筑中才能采用（图5-11-02）；苏式彩画等级较

（图5-11-04）椽头彩画

低，主要用在官僚的和百姓的四合院中，中间有一个半圆形的"包袱"轮廓，其中可以绘制山水、人物、花鸟图案，最为生动绚丽（图5-11-03）。大多数四合院建筑连苏式彩画都不用，仅仅在枋子的端头简单画一些图案，或者干脆只刷油漆就完了。

屋檐下的檐椽和飞椽有很多根，也是装饰的重点，经常在每个椽头都画上卍字、寿字、福字等图案，有时还加上金色颜料，形成"贴金"效果（图5-11-04）。▲

陆 清代经典府宅四合院撷英

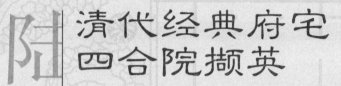

前文介绍了四合院的典型布局、建筑构成以及施工过程。历史上北京存在过数以万计的四合院，基本上都遵循着类似的规制，表现出相似面貌。但如果以此断定四合院是千篇一律的住宅形式，那就大错特错了。事实上，这些大大小小的四合院在共性的基础上依然表现出各自不同的个性，不同位置、不同规模的院落在许多细节方面差异很大，甚至我们很难找出两个绝对一模一样的孪生四合院来。

更重要的是，四合院是人的生活空间，每个四合院都居住着不同的主人，演绎着或曲折或平淡的人生传奇，经过漫长的时间洗礼，孕育出各自千差万别的精神气质。从这个意义上说，每个现存的四合院都是一个凝结着深厚文化内涵的宝库，包含着无数悲欢离合的故事，其中的一砖一瓦一木都值得我们去品味解读。下面就通过一些经典的清代府宅实例的介绍，让我们继续领略北京四合院的沧桑美丽。

孚王府

孚王府位于朝阳门内大街南小巷37号（图6-1-01），其前身原为康熙帝第二十三子、贝勒允祁的府第，后来改为怡王府，晚清又改孚王府，是一座历史悠久的大型府邸。

怡亲王允祥是康熙帝第十三子，与雍正皇帝关系最好，在雍正时期地位很高，还被加封为"世袭罔替"的"铁帽子王"，表明其后代可以永远承袭这个怡亲王的爵位。怡王府原址位于东单帅府园，雍正八年（1730年）允祥去世后，雍正帝下旨将其旧邸改为贤良寺以作纪念，另将允祁的这座贝勒府收回，改赐与第二代怡亲王弘晓居住，此府因此成为新的怡王府。乾隆年间的《京城全图》上绘有此府的详细平面图（图6-1-02）。

一百三十年之后，怡王府传到第六代怡亲王

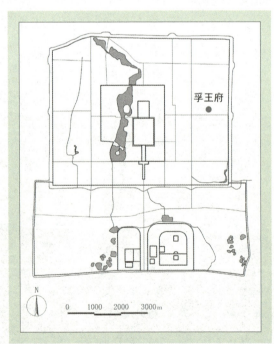

（图6-1-01）孚王府位置示意图

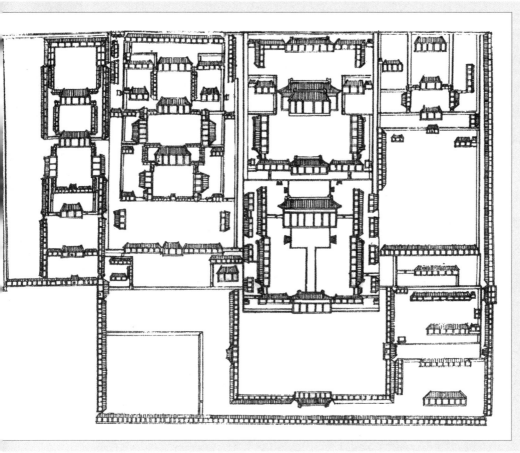

（图6-1-02）乾隆《京城全图》中的怡王府图

载垣的手上。载垣是咸丰帝临终前委任的顾命八大臣之一，咸丰十一年（1861年）慈禧太后发动辛酉政变，命令载垣自尽，王府也被收回。同治三年（1864年），清廷又将此府转赐道光帝第九子、孚郡王奕譓，从此改称孚王府。奕譓于同治十一年（1872年）晋爵为孚亲王，因其排行第九，故此府又俗称"九爷府"，后继续由其后人贝勒载澍、贝子溥忻居住。民国时期，府邸售与奉系军阀张作霖的部下杨宇霆，再后来则曾经用作北平大学女子文理学院校舍和国民党励志社北平总部，现为中国科学院的一处办公场所，并已被确定为全国重点文物保护单位。

孚王府的布局反映了清代王府最典型的模式，由东、中、西三路组成，三路空间各有一条中轴线，形成对称格局（图6-1-03）。中路前为仪典空间、后为内寝空间，西路为居住空间，东路为休闲空间；服务用房则分别置于两侧轴线的前部。其中中路保存最好，西路也基本保存着原有的主要建筑，东路则损毁比较严重，剩下的建筑已经不多。

中路是王府的核心所在，共有五进院落，其中轴线长度达两百多米，规模宏敞，气势迫人。最南为倒座厅（图6-1-04），面阔七间，采用硬山屋顶，覆灰瓦，通常用作王府长史的办公用房，民国时期被改作外门【学术界以往多将此门看做是王府原有的大门，冯其利先生《寻访京城清王府》明确记载此门

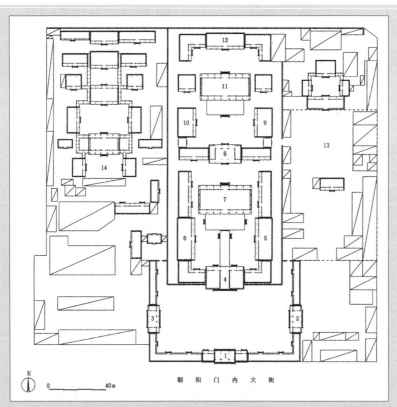

1.倒座厅 2.东阿斯门 3.西阿斯门 4.正门 5.东翼楼 6.西翼楼 7.正殿 8.寝门 9.东配殿 10.西配殿 11.寝殿 12.后照楼 13.东路 14.西路

（图6-1-03）孚王府平面图

（图6-1-04）孚王府正门

（图6-1-05）孚王府东阿斯门

改建于日伪时期。承热心读者张万良先生指正，特此说明。】。院内东西各设五间"阿斯门"【据说"阿斯"是满语"翅膀"的意思，在此表示位于两翼的门】（图6-1-05），为平时出入所用，又有转角房各十六间、北厢房十间，均为辅助用房。

院北为王府正门（图6-1-06），面阔五间，是一座前后廊歇山顶建筑，屋顶带正脊兽件，覆盖着绿色琉璃瓦，门内的天花板上绘有精美的彩画（图6-1-07）。正门前左右分设石狮子各一座（图6-1-08），东西各带转角房六间。

入门为第二进院，中建大殿七间（图6-1-09～图6-1-10），前后廊歇山顶，屋顶覆盖绿色琉璃瓦。大殿是整个王府中最宏伟、地位最高的建筑，俗称"银安殿"，只作举办重大典礼之用，相当于紫禁城的太和殿。殿前的台基延伸出一段，称作"月台"；大殿

（图6-1-06）孚王府二门

（图6-1-07）孚王府二门天花板彩画

（图6-1-08）孚王府二门前石狮子

（图6-1-09）孚王府大殿旧照

（图6-1-10）孚王府大殿现状

（图6-1-11）孚王府西翼楼

东西各有七间翼楼和九间厢房。所谓"翼楼"就是位于两翼的楼房，只有王府中才能采用（图6-1-11）。

大殿与内门之间为第三进院，是一个横向狭长的过渡性院落。

寝门又称内门，是中路空间的分界处，其北为后寝区域，与南面的仪典区域区分。寝门面阔五间（图6-1-12），前后廊歇山顶，覆绿色琉璃瓦；门左右各带顺山房五间（图6-1-13～图6-1-14）。后寝区中央有寝殿七间，前后廊歇山顶，覆绿色琉

（图6-1-12）孚王府寝门

（图6-1-13）孚王府寝殿旧照

璃瓦，殿前出月台。寝殿是王爷和福晋的日常起居之处，在后寝区域占有核心地位。殿左右各有顺山房三间，东西配殿各五间（图6-1-15）。寝殿之后为最后一进院落，有后照楼七间（图6-1-16），带前廊，灰瓦硬山顶，两侧有转角房各七间。

西路的前面部分已经多被改建，不成格局，只有零星几幢建筑散落其中。后

（图6-1-14）孚王府寝殿现状

（图6-1-15）孚王府后寝区东配殿

（图6-1-16）孚王府后照楼

面的院落则大部尚存。原有正门三间，东西各带倒座房七间，现大门和西边的倒座房已失，仅东边的七间倒座房尚存。门北的垂花门和游廊均被拆毁，原址上另建了新的建筑。再北的四进院落基本保持完整：第一进院有正厅五间，前后廊歇山顶，左右配殿各三间。第二进院正房五间，前后廊硬山顶；院东西厢房各五间。第三进院正房五间，硬山顶，带前廊，左右各有顺山房五间。第三进院东西两侧各有一个小跨院，各有北房三间。第四进院正房五间，东西各有顺山房七间和六间。这四进院落均有游廊贯穿相连，尺度小，布局紧凑，院落

（图6-1-17）孚王府建筑山墙内砖雕

（图6-1-18）孚王府建筑槛墙琉璃装饰

的空间形态也各不相同，颇有变化。这一路主要一座王府其他成员的生活居住。

东路原有格局已失，中央剩下一座三开间周围廊的轩馆，估计这一带原来可能有一个花园。东路的北面保存着一座四合院，有南房五间，正房三间，东西厢房各三间，院中环以游廊。这一路主要是王府的休闲空间。

总之，这座王府布局严谨规整，施工精良，殿宇、屋舍等级鲜明，建筑类型较多，空间变化丰富。重要建筑的山墙内侧多设有精致的砖雕（图6-1-17），槛墙多以绿色琉璃砖装饰（图6-1-18）。同时，孚王府的平面与《大清会典》的规定基本契合，且与乾隆《京城全图》上的怡亲王府格局也比较接近，说明其布局仍保持着清代早中期的原貌，为研究清代王府建筑的宝贵实例。▲

恭王府

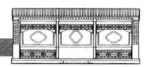

恭王府位于什刹海前海地区的柳荫街（图6-2-01），是北京最著名的一座王府，也是保存最完整的一座王府。

恭王府的历史很显赫，但其前身并不是王府，而是乾隆年间权倾一时的大贪官和珅的宅第。和珅（图6-2-02）字致斋，钮祜禄氏，满洲正红旗人，出生贫寒，乾隆三十四年（1769年）时得到一个"三等轻车都尉"的职位，开始在宫里当侍卫，并由于一个偶然的机会而得到乾隆帝赏识，开始青云直上，很快就当上御前侍卫兼副都统，乾隆四十一年（1776年）同时兼任户部侍郎、军机大臣、内务府大臣、步军统领等多个要职，乾隆四十八年（1783年）被封为一等男爵，调任吏部尚书、协办大学士，乾隆五十一年（1786年）升任相当于宰

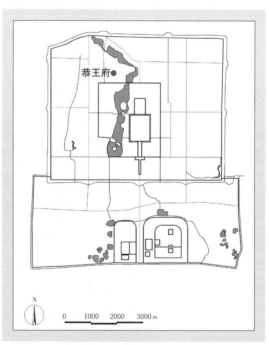

（图6-2-01）恭王府位置示意图

相的最高官职——文华殿大学士，进而晋封三等忠襄伯，乾隆皇帝还把自己最钟爱的小女儿和孝公主下嫁给和珅的儿子丰绅殷德，和珅得到恩宠由此达到顶点。

在二十多年的时间里，和珅权势熏天，贪赃枉法，无所不为，积聚了巨额的财富，因此把自己的这座宅第修建得宏伟无比，其豪华程度甚至超过了许多王府。乾隆帝第十七个儿子叫永璘，对这座巨宅垂涎已久。乾隆帝晚年一直没有正式确定皇太子，诸位皇子有时候难免会在一起议论将来谁有机会继承大位，这位永璘当场声称自己对皇位绝对没有企图，但心里有个愿望，就是将来无论哪一位兄弟当上皇帝，最好能把和珅的这座宅子赐给自己做王府。

（图6-2-02）和珅画像

乾隆帝在当满六十年皇帝后传位给第十五个儿子颙琰，也就是嘉庆皇帝，自己当了三年太上皇，于嘉庆四年（1799年）正月驾崩。嘉庆帝随即开始亲政，立刻下旨颁布了和珅的二十条大罪，赐和珅自尽，并抄没其全部家产。嘉庆还记得当初十七弟永璘的愿望，因此把这座宅子真的就转赐给了他。永璘的封爵是庆郡王，后来又晋升为庆亲王，因此这座府邸被称为庆王府。

清朝有个规矩，就是除了"世袭罔替"的"铁帽子王"之外，其他的王公贵族的爵位每传一代就要递减一级，比如亲王的继承人封郡王，郡王的嫡子封贝勒，贝勒的嫡子封贝子，以此类推。永璘的后代对爵位的继承关系有些复杂，这座王府也换了几次主人，到道光二十九年（1849年）的时候传给了永璘的一个孙子奕劻。奕劻在王府中住了几年，第二年被封

（图6-2-03）恭亲王像

为辅国将军，咸丰二年（1852年）进爵贝子，爵位依然太低，没有资格继续住在王府里，于是朝廷正式收回了这座府邸，把它改赐给咸丰皇帝的六弟恭亲王奕訢。从此以后（图6-2-03），这座府邸改称恭王府。

奕訢是晚清皇族中一名了不起的人物，从咸丰末年就开始负责领导总理各国事务衙门，专管外交事务；同治元年（1862年）封议政王，享有亲王双俸，一度执掌朝政大权，其间重用汉臣，兴办洋务，获得一定的政绩。后来与慈禧太后发生矛盾，被排挤出权力中心。奕訢于光绪二十四年（1898年）去世，爵位和府邸均由其次子载滢之子溥伟继承。民国时期，末代恭亲王溥伟因财务拮据，将府邸部分抵押给天主教会办辅仁大学，至1939年，府邸和花园全部被售与天主教会。解放后一度为学校机关所占用，现在已经整修开放。目前恭王府及其花园已经被确定为全国重点文物保护单位，并于2006—2008年进行大规模的重修，基本恢复了鼎盛时期的面貌（图6-2-04）。

恭王府的西侧和南侧原有一条河流淌而过，与什刹海相通，但现在已经被填平为柳荫街。王府分为府邸和花园两大部分，府邸居前，基本保持

（图6-2-04）恭王府复原设计方案鸟瞰图

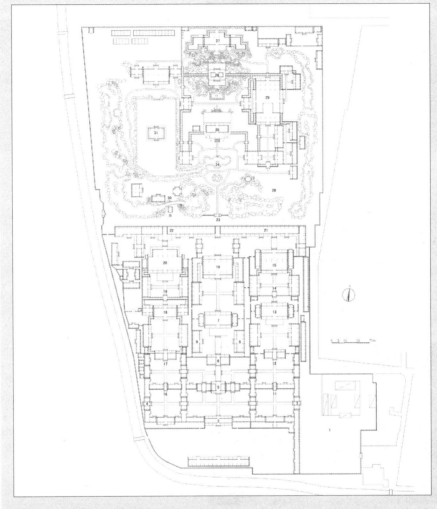

1.马号 2.中路倒座房 3.东阿斯门 4.西阿斯门 5.大宫门 6.二宫门 7.正殿 8.东配殿 9.西配殿 10.嘉乐堂 11.东路府门 12.东路穿堂门 13.多福轩 14.垂花门 15.乐道堂 16.西路府门 17.西路穿堂门 18.垂花门（天香小院）19.葆光室 20.锡晋斋 21.瞻霁楼 22.宝约楼 23.花园园门 24.蝠池 25.安善堂 26.绿天小隐 27.蝠厅 28.菜圃 29.大戏楼 30.榆关 31.诗画舫

（图6-2-05）同治时期恭王府复原平面图

乾隆时期格局，分东、中、西三路，其中中路为仪典空间，东西两路为居住空间，花园为休闲空间，功能分布更加明确。三路轴线各有五进院落，气势很宏伟，而且大多数院落都包含正房和厢房，显得非常整齐（图6-2-05）。

王府的主体部分的东南部有一个相对独立的附属院落，是王府的马号所在，主要用来饲养马匹、存放马车。主体部分的最南部则是一个横贯东西的长方形院落，曾经设有库房和厨房等设施。

中路南侧有一座七间倒座房，平时并不用作出入口，而是分别从东路东侧和西路西侧的阿斯门进出（图6-2-06）。倒座房之北建有两重府门，第一重大宫门三间（图6-2-07），属于郡王府的规制，比亲王府的标准低一级【按照清朝的制度，府邸建筑可以降低标准，但绝对不允许僭越】。第二重宫门五间（图6-2-08），其北就是王府的正殿（图6-2-09～图6-2-10）所在。这是一座五间歇山大殿，覆盖绿色琉璃瓦，也低于亲王府七间正殿的标准。大殿的左右两端相当于耳房的位置上各建了一座单间房屋，称作"朵殿"，院落的东西厢分别建有东西配殿（图6-2-11），都是五间硬山建筑。大殿的后面是嘉乐堂（图6-2-12），是一座进深很大

（图6-2-06）从穿堂门望阿斯门

（图6-2-07）恭王府大宫门

（图6-2-08）恭王府二宫门

（图6-2-09）恭王府正殿

（图6-2-10）恭王府正殿彩画

（图6-2-11）恭王府西配殿

（图6-2-12）恭王府嘉乐堂

（图6-2-13）恭王府嘉乐堂内景

的五间建筑，其功能非常神秘，主要用作满族人萨满祭祀的神堂（图6-2-13），与紫禁城的坤宁宫类似。院落中曾经按照萨满教的传统，竖立过一根高高的神杆。这座院子平时是封闭的，只有祭祀的时候才郑重地打开。

东西两路的多进院落大体对应，但细节上存在不少差异。东路在和珅时期用作和孝公主和额驸丰绅殷德的居处，尺度比西路略宽一些（图6-2-14～图6-2-15），前面两进院子都是辅助用房，两进后院的正房分别为多福轩和乐道堂（图6-2-16）。

（图6-2-14）恭王府东路庭院

（图6-2-15）恭王府东路门墩

（图6-2-16）恭王府乐道堂

（图6-2-17）恭王府东路彩画

最近大修时发现东路建筑的彩画比较特别,可能保留了乾隆时期的样式特征(图6-2-17)。恭亲王时期的多福轩是王府的客厅,乐道堂则是王爷的居室。

西路的前两进院子也是辅助用房。第三进院子的北房为葆光室(图6-2-18),第四进院子叫"天香小院",设有独立的垂花门并以抄手游廊环绕(图6-2-19~图6-2-20),其北的正房为锡晋斋(图6-2-21)。这座建筑又名乐寿堂,其性质是一座书房,也是整个恭王府最著名的一座房子。出名的原因

(图6-2-18)恭王府葆光室墀头图案

（图6-2-19）恭王府西路垂花门

（图6-2-20）恭王府西路"天香庭院"匾额

（图6-2-22）恭王府锡晋斋室内隔断

在于当年和珅模仿紫禁城中宁寿宫的乐寿堂，在这座书房内使用最昂贵的楠木打造了一组精美的隔断（图6-2-22～图6-2-23），还在室内设置了一个夹层楼阁。这种样式叫"仙楼"，也只有宫殿才能使用。嘉庆帝处置和珅的时候宣布了二十条大罪，其中有一条内容是"所钞家产，楠木房屋僭侈逾制，仿照宁寿宫制

（图6-2-21）恭王府锡晋斋

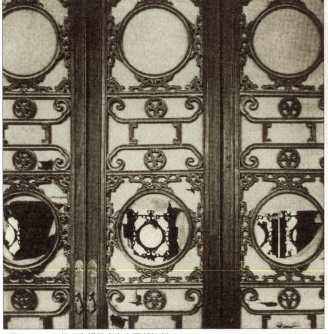
（图6-2-23）恭王府锡晋斋室内隔断细部

（图6-2-24）恭王府后照楼东部

度"。【赵尔巽等编：《清史稿》，卷221、卷319，上海，上海古籍出版社，1986】指的就是这座建筑，强调其中的室内装修过于豪华，甚至明显有模仿紫禁城宁寿宫大殿的意思，严重违反了等级限制。

府邸最北建有一座漫长的两层后照楼，平面呈"凹"字形，横贯东中西三路，上下共104间，东西分别悬"瞻霁楼"和"宝约楼"二匾，主要用作库房（图6-2-24～图6-2-25）。

府邸北即为花园，二者之间有一条夹道相隔。花园面积与府邸大致相当，也分东中西三路。东路以密集的建筑物为主，西路以水池假山为主，中路则是建筑与山池相间。

中路最南为西洋式园门（图6-2-26），入门为两山夹一道，其后一院，三面围合，中央环抱水池，形如蝙蝠，名"蝠河"。院北正厅安善堂，北为大型太湖石假山滴翠岩（图6-2-27），上建平顶敞厅绿天小

（图6-2-25）恭王府后照楼西部

（图6-2-26）恭王府花园园门

（图6-2-27）恭王府花园滴翠岩假山

隐。中路最北的蝠厅形状也像一只蝙蝠（图6-2-28）。

东路假山以后隐藏一个小菜圃，其北入垂花门，为两跨狭长的院落。东路的主体建筑是大戏楼，北为前厅，中央为观戏厅，南部为戏台，内外装修均十分富丽堂皇，几乎可以与皇家苑囿戏楼相比。清代的上层社会酷爱看戏，当年的恭王府中专门蓄有一个戏班，每逢节庆都在这座大戏楼中唱戏。

（图6-2-28）恭王府花园蝠厅

（图6-2-29）恭王府花园榆关

（图6-2-30）恭王府花园诗画舫

西路南侧石山与土山之间有一小段城关，名榆关（图6-2-29）。再北有大水池，形状接近长方，中央一岛，上建三间敞榭，名叫诗画舫（图6-2-30）。

恭王府花园于20世纪80年代一度被认为是《红楼梦》中大观园的蓝本，因此名声大噪。此说并无实际依据，但此园建筑崇弘，山池清丽，古树垂荫，于浓艳之中略显雅淡，确实是北京现存王府花园中最完整的代表作品。▲

崇礼宅

清代光绪年间的大学士崇礼的住宅位于东四大街六条胡同（图6-3-01），东邻南板桥胡同，西邻月光胡同，是一座三路大宅院，享有"东城之冠"的美誉（图6-3-02）。

崇礼（图6-3-03）字受之，隶汉军正白旗，姜桂氏，传说原姓蒋，人称"蒋四爷"，咸丰初年担任清漪园苑丞，后为内务府大臣。同治初年任广东海关监督，这是一个著名的肥差，让崇礼发了大财。回京后屡次升迁，光绪二十九年（1903年）官至东阁大学士，转授文渊阁大学士，三十三年（1907年）去世，谥号"文恪"。此人一辈子官运亨通，却碌碌无为，被当时人讥讽为"庸人多厚福"。

崇礼从广东海关监督任上回京之后，用积攒的

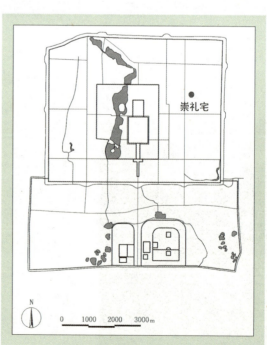

（图6-3-01）崇礼宅位置示意图

（图6-3-02）崇礼宅鸟瞰

（图6-3-03）崇礼画像

财富建造了这所大宅，被认为是京城中除王公府邸以外最好的一座宅邸。1935年此宅归国民党29军军长刘汝明所有，后归张之洞之子、伪新民会会长张燕卿，解放后辟作轻工业部办公处及宿舍，1988年被公布为全国重点文物保护单位。

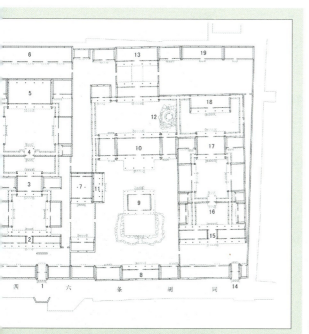

（图6-3-04）崇礼宅平面图

1.西路宅门 2.西路穿堂门 3.西路二进院正房 4.西路垂花门 5.西路四进院正房 6.西路后照房 7.书斋 8.中路倒座房 9.花厅 10.定静堂 11.半座轩 12.圆亭 13.祠堂 14.东路宅门 15.东路穿堂门 16.东路垂花门 17.东路三进院正房 18.东路四进院正房 19.东路后照房

此宅园占地面积达一万多平方米（图6-3-04）。宅内可分三路，东、西两路为住宅区，中路为花园区，均相互连通。东、西两路住宅都在临街一侧各建广亮大门一座，并以三十多间倒座房一字排开，很有气派。宅院在南侧的胡同对面还设有马号。

西路是主人居住空间，分为五进院落，入门迎面为照壁，转而向西，可通过穿堂门进入第二进院，门两侧各设南房四间。院内以游廊环绕，北为正房三间（图6-3-05），两侧带耳房各两间，东西为厢房各三间。第三进院是一个过渡性的院落，形状狭长，北为垂花门，由此进入第四进院，这是全宅最大的一个院落，也以游廊环绕（图6-3-06），北有正房五间（图6-3-07），两侧带耳房各两间，东西为厢房各三间。最后一进院设有十一间后照房（图6-3-08）。

（图6-3-05）崇礼宅西路二进院正房

（图6-3-06）崇礼宅西路四进院垂花门与游廊

西路的两侧各有一个跨院。东跨院的北房为三间两卷勾连搭建筑，当初曾用为书斋，内部有清代著名书法家邓石如题写的苏东坡诗词的硬木楣扇。

中路的花园分设三进院落，面积较大，但格局比较简单。南侧建有倒座房，第一进院中央有一座三间周围廊歇山花厅，建于假山之上（图6-3-09），前出平台；假山前原有月牙河环绕，池底以细砖墁地，现已被填平；院北为正堂定静堂（图6-3-10），五间硬山建筑，前

（图6-3-07）崇礼宅西路四进院正房

（图6-3-08）崇礼宅西路后照房

（图6-3-09）崇礼宅中路花厅

（图6-3-10）崇礼宅中路定静堂

(图6-3-11)崇礼宅东路大门

出三间悬山抱厦，左右各带两间耳房，堂内据说曾设有戏台。院西紧贴着跨院的东山墙建有半座歇山敞轩。后院内叠有假山，上建一座圆亭。最后一进院的北房为祠堂。

东路也分为五进院落，尺度明显比西路要小一些。宅门位于东南（图6-3-11），二门为穿堂门，两侧各设四间南房，第三道门为垂花门，入门为第三进院，北为正房三间，两侧带耳房各两件，东西为厢房各三间，以游廊串联。第四进院不设厢房，只在游廊环绕中建五间正房。最后一进也设有十多间后照房。

全园建筑做工非常精细，代表了清代北京四合院的最好水平，磨砖对缝，彩画明艳，大量使用砖雕，槅扇均安设了彩色雕花玻璃，在晚清时期相当罕见（图6-3-12）。▲

（图6-3-12）崇礼宅彩色雕花玻璃槅扇

文煜宅

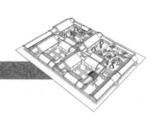

晚清大学士文煜的宅第位于北京东城鼓楼之南的帽儿胡同7~13号（图6-4-01），是一座横跨五座院落的建筑群，占地面积约11000平方米，约合16.5亩，规模广阔，布局谨严，在现存的清代官僚住宅中极有代表性。

文煜为满洲正蓝旗人，费莫氏，字星岩，历任刑部侍郎、山东巡抚、直隶总督等要职，后曾一度被免职，同治三年（1864年）重新起用，历任福州将军、刑部尚书、总管内务府大臣，光绪间成为武英殿大学士。文煜身后，此宅被其后人售与北洋时期的总统冯国璋，日伪时期又归伪军司令张兰峰。解放后此宅被分隔作不同单位的宿舍，其中11号院还曾一度用作朝鲜驻华使馆。

宅园共有五座院落（图6-4-02），其中7号分为东西两院，破坏最为严重，9号院即著名的可园，

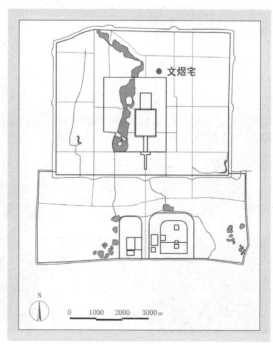

（图6-4-01）文煜宅位置示意图

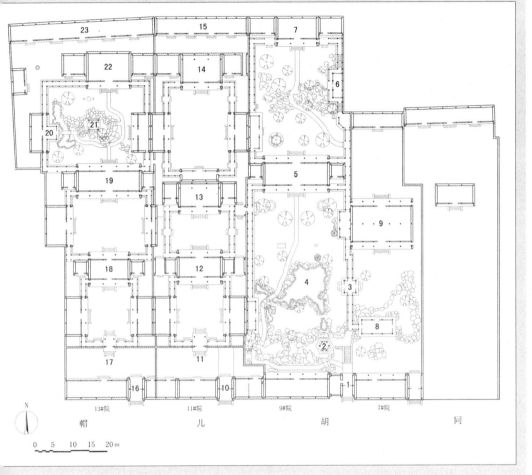

1.可园园门 2.六角亭 3.方亭 4.水池 5.可园前院正厅 6.轩 7.可园后院正房 8.轩 9.歇山大厅（被改建为洋楼） 10.第11号院宅门 11.第11号院垂花门 12.第11号二进院正房 13.第11号三进院正房 14.第11号四进院正房 15.第11号后照房 16.第13号院宅门 17.第13号院垂花门 18.第13号二进院正房 19.第13号三进院正房 20.水榭 21.方亭 22.第13号四进院正房 23.第13号后照房

(图6-4-02) 文煜宅平面图

　　11号院和13号院都是狭长的大型四合院，彼此相连，共同构成了这座宏敞的显宦豪宅。

　　可园落成于咸丰十一年（1861年），南北长约97米，东西宽约26米，面积约4亩左右，分为前后两院，前院中心为池沼，后院中心为假山，各自独立，通过东部的长廊贯通（图6-4-03）。前后院各有一座正厅或正房位

（图6-4-03）可园东部游廊

于正中位置（图6-4-04），面南背北，并在西厢的位置上各有一座小厅，与东部的长廊相均衡。

可园东南侧的游廊可折而向东，通向7号院西院假山上的一座三开间歇山敞轩。现在敞轩尚存，假山则仅剩土堆，山石均失。7号东院现已面目全非，仅剩下一座三开间的正房和后罩房。西院的情况要好一些，除了假山上的敞轩外，大门和四间倒座房以及后面的五间北房还基本完好。西院的廊子及假山可与可园的假山、游廊相接。西院假山之北原为一座两卷前后共十间的歇山式大

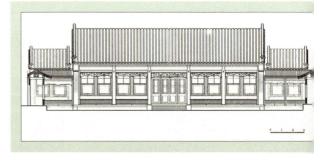

（图6-4-04）可园前院正堂立面图

（图6-4-05）文煜宅11号院纵剖面图

厅，后被冯家拆除，另建了一座两层洋楼，使得园景大为减色。现在洋楼尚存，虽经改造，仍带有一定的民国风格。

11号住宅为一座典型的四合院，共有五进院落（图6-4-05）。大门对面胡同之南原有大照壁，今已不存。大门经过重新整修（图6-4-06），装饰一新，门前有上马石。第一进院落扁长，入门内正对一座砖砌影壁，南有倒座房七间（图6-4-07）；北面为垂花门，门前一对石狮，可惜头部残缺；垂花门为一殿一卷式，雕饰精美，至今仍保持原样（图6-4-08～图6-4-09）。从垂花门进第二进院落，院落接近正方，有三间正房带耳房及东西厢房（图6-4-10）。东西耳房之侧通第三进院落，东侧墙上另开屏门通东部的可园；三进院也有三间正房带耳房及东西厢房，并环以游廊。第四进院落的正房（图6-4-11）、厢房与二、三进院类似，但院落尺度较大，并在三进院的正房北面接建一卷南

（图6-4-06）文煜宅11号院大门

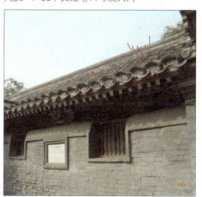
（图6-4-07）文煜宅11号院倒座房

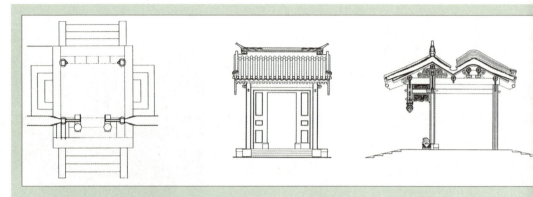

（图6-4-08）文煜宅11号院垂花门平面、立面、剖面图

（图6-4-09）文煜宅11号院垂花门

（图6-4-10）文煜宅11号二进院正房

（图6-4-11）文煜宅11号四进院正房

（图6-4-12）文煜宅13号二进院

（图6-4-13）文煜宅13号四进院

房，原有的游廊已残毁大半。第五进院落有后照房九间。

13号院也是五进院落的大四合院，布局与11号院相似。大门已毁，两侧尚存五间倒座房。垂花门及两侧游廊也已被拆，在原址上另建了一座简陋的锅炉房。第一进院落有三间正房带耳房及东西厢房。第三进院落的五间正房带耳房及东西厢房（图6-4-12），但东厢房除前廊外，进深不足一米，实际上是一座外檐齐备的假屋，其正中四扇屏门开启可通11号院。第四进院落较大（图6-4-13），并向西扩展，两边并不严守对称，北为正房三间左右各带二间耳房（图6-4-14），西厢位置现存一榭，前出一卷单间悬山抱厦，与东厢房相对；整个院落的游廊基本保存完好，并有一株枣树和三株桧柏，均为百年以上的古树。此院原来是后花园，池山竹树俱全，西厢房实为池上居，其中古树尤为珍贵，山石上还建有一座小亭，可惜今天亭、山、池均已无存。北廊偏西为井院，今水井已无，尚存两间小房。第五进院落有后罩房十余间（图6-4-15）。

文煜宅园的五座院落基本各成系统，分别拥有南北中轴线，布局严谨但并不刻板，局部也有灵活处理，形成了丰富的空间序列（图6-4-16）。同时整座宅园建筑与园林水石相间，表现了北京四合院庄重大方而又正中求变的建筑特色。▲

（图6-4-14）文煜宅13号四进院正房与耳房

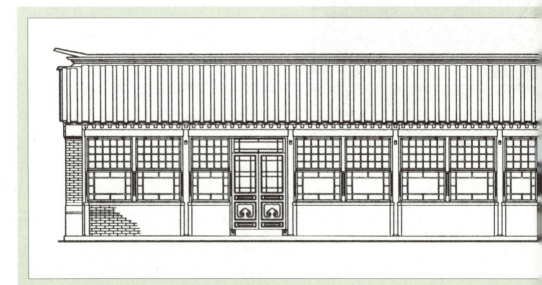

（图6-4-15）文煜宅13号院后照房立面图

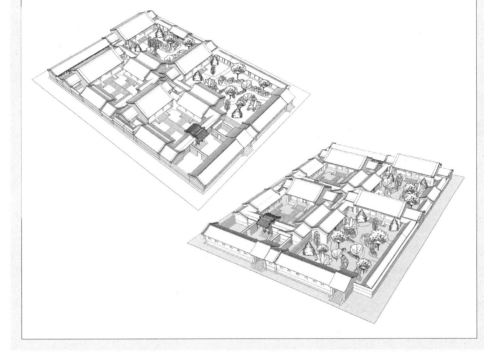

（图6-4-16）文煜宅11号院与可园三维模型鸟瞰图

麟庆宅

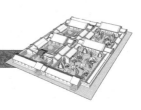

清代官僚麟庆宅位于东城弓弦胡同（现黄米胡同5~9号）（图6-5-01），是一座历史悠久的四合院。此宅在康熙年间为陕西巡抚贾汉复的宅邸，宅旁有一个花园名叫"半亩园"，传说是清初著名江南文人李渔设计勾画而成，因此在京城中颇有名气。宅园于乾隆年间归山西籍的文人杨静庵，嘉庆年间转归满人春庆，直至道光二十一年（1841）辗转流入满族显宦麟庆之手。

麟庆（1791—1846）（图6-5-02）字见亭，完颜氏，满族镶黄旗人，为金世宗嫡裔，其家族鼎盛，清初以来就一直是著名的儒学世家，几乎历代祖先都是满族的著名学者。麟庆本人于嘉庆十四年（1809年）中进士，在全国各地历任多个官职，其中最重要的职位是道光十三年至二十二年（1833—1842）在江苏的清江浦（今属江苏淮安市）出

（图6-5-01）麟庆宅位置示意图

（图6-5-02）麟庆画像

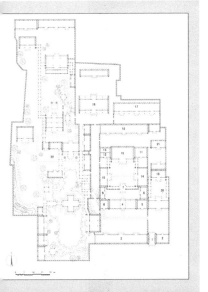

1.宅门 2.门房 3.班房 4.穿堂门 5.账房 6.春雨山房 7.垂花门 8.虚舟 9.小凝香室 10.受福堂 11.心面已修之室 12.伽蓝瓶室 13.花好月圆人寿 14.东厢房 15.西厢房 16.飞涛迁馆 17.后照房 18.永宝尊彝之室 19.五福堂 20.神杆 21.佛堂 22.半亩园（已毁）

任江南河道总督。

　　麟庆在北京的居处曾经几次更换，第一座住所在鼓楼大街，卖掉后又在勾栏胡同买了一座。他在江苏担任河道总督的时候已经考虑迟早要回北京度过晚年，很需要在北京重新购买一座更大的住所来安置全家众多的人口。这时候其长子崇实托人带来家信，说弓弦胡同的这座宅子正在待售。麟庆年轻的时候就听说过半亩园的故事，非常向往，一听消息大喜过望，立刻决定买下整座宅园，并委托匠师做了重新翻修。

　　道光二十三年（1843年）宅园重修完工，此时麟庆已经被朝廷免职回京，于当年五月主持了落成典礼。从此他就在这里生活，一直到三年后去世为止。后来这座宅园陆续被麟庆的后辈子孙所继承，保持了几十年的繁荣，到民国时期家道败落，终于被售与外人。1947年成为比利时教会组织怀仁学会的驻地，解放后收归国有。20世纪70年代，宅旁的半亩园被毁，现仅存宅邸部分，被列为北京市重点文物保护单位。

　　麟庆宅位于胡同的尽端，宅第院落位于东部，花园在西部（图6-5-03）。其中宅第规制很完整，分为五进院落，又分东西两路，西路为主体院落所在，全家生活均在此；东路是一个跨院，

（图6-5-03）麟庆宅复原平面图

主要安排祭祀性建筑和相关设施。麟庆家族是著名的文化修养很高的世家望族，把大部分建筑都取了雅致的名称，成为这座宅子的重要特色。

宅门为广亮大门（图6-5-04），居于东南角，两侧带有八字墙，对面则是一座影壁；大门门扇两侧有雕刻极为精美的方形门墩一对（图6-5-05），上有门簪四颗，分别刻有《易经·乾卦》起首四字"元亨利贞"，梁、枋和柱子端头绘有箍头彩画（图6-5-06）。大门东侧有倒座房两间，用作门房；西侧有倒座房七间，辟为跟班所住的班房。入宅门即进入东跨院的第一进院，从随墙门转而向西，才进入主体院落的第一进，穿过北侧的过厅可入第二进院。第二进院南侧建有一排南房，共十一间，中央一间辟为穿堂过厅，东侧三小间为账房，西侧三小间屋子名叫"春雨山房"。院北为垂花门，东西设厢房各三间，东为"虚舟"，西为"小凝香室"。

垂花门以北为第三进院，也是

（图6-5-04）麟庆宅大门

（图6-5-05）大门门墩

（图6-5-06）大门梁架

全宅的中心院落，以抄手游廊环绕（图6-5-07），东西各有厢房三间（图6-5-08），北为正房三间，名叫"受福堂"（图6-5-09），平时用作客厅，山墙内侧有砖雕题刻（图6-5-10），外檐木槅扇的雕刻也很细腻（图6-5-11）。这座厅堂取这个名称是为了纪念麟庆多次得到道光皇帝赐予的御笔"福"字。客厅两侧各有两间耳房，左面的叫"心面已修之室"，右边分成前后两部分，分别叫"伽蓝瓶室"和"花好月圆人寿"。这两座耳房用作主人的卧室。

第四进院子横向很狭长，只有一排九间北房，名叫"飞涛迁馆"，也用作卧室。第五进院子也很狭长，建有一座九间后照房。后照房的西侧有一座五间厅堂，是麟庆的儿

（图6-5-07）麟庆宅庭院

陆·清代经典府宅四合院撷英

麟庆宅

171

（图6-5-08）西厢房雀替

（图6-5-09）受福堂

（图6-5-10）受福堂山墙题刻

（图6-5-11）受福堂木雕槅扇

子崇实修建的,专门用来收藏鼎彝之类的古代文物,取名叫"永宝尊彝之室"。

东跨院宽度明显窄于西路院落,两侧均不设厢房。第二进院的正房名"五福堂"(图6-5-12),里面供奉着道光皇帝亲笔所书的五幅"福"字。这里实际上是全家举行萨满祭祀的地方,五福堂就是神堂所在,院子东南角树立了一根高高的神杆。麟庆本人的自传《鸿雪因缘图记》中曾经详细描绘过祭祀的经过,全部程序包括在杆前供奉糕酒,在堂内西炕悬挂红黄两色的缎子和纸钱,供奉糕、酒、香,家中的男性免冠叩首,之间换

(图6-5-12)五福堂内景

酒三次，焚烧纸钱，然后抓一只猪（称之为"黑爷"）进来，提着猪的耳朵灌酒，宰杀，就在堂内支大锅煮熟，随后献祭。最后息香撤火，用布幔遮窗，家中的主妇们磕头。仪式结束后要抹一些血在神杆上。第三进院落的北房是一座佛堂，为平时烧香拜佛的地方。

整座住宅的做工非常精良，其中的砖雕包含"狮子滚绣球"、"福禄寿"、"马上封侯"、"梅花"、"牡丹"、"喜鹊"等图案（图6-5-13）。室内木装修也大多保存完好，尤其是受福堂明间有一架红木雕花落地罩，雕饰极为精美。

宅西的半亩园当年享有盛名，也是主人游玩和起居的地方。其中包含假山、水池、小桥以及厅堂、亭榭、平台、画廊等各种建筑，而且各有特定功能，分别用作书房、藏书室、藏石处等等。麟庆本人经常在院中读

（图6-5-13）麟庆宅戗檐砖雕

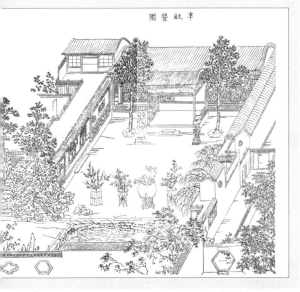

（图6-5-14）道光年间半亩园景象

书、闲坐、下棋、赏花，有时候家中女眷还在屋顶平台上抚琴，生活情调非常优雅（图6-5-14）。麟庆去世之后，其后代对半亩园又作了若干改建和扩建，景致更加丰富（图6-5-15）。可惜从20世纪70年代开始，半亩园被陆续拆除殆尽。东部的住宅部分至今幸存，并被列为北京市重点文物单位，但建筑年久失修，难见往日盛况。▲

（图6-5-15）清末半亩园景象

张之洞宅

明清两代，位于北京内城西北部的什刹海地区是最重要的一片风景名胜区，湖滨水际集中了大量的寺院祠庙和府邸住宅。受到水系形态的影响，这一带的胡同不似其他城区那样方正有序，而是随宜伸展，自由曲折，也给此处的府宅四合院带来一些特殊变化。同时，很多宅院积极利用外围优美的什刹海环境风光，临岸构筑楼阁以利于赏景，或者在自己院内堆筑假山，开辟池沼，营造独立的花园，形成内外皆宜的生活空间。

什刹海地区的著名府宅有很多，其中包括清末名臣张之洞的宅邸。

张之洞（1837—1909）（图6-6-01）字孝达，号香涛、香岩，又号壹公、无竞居士，晚自号抱冰，祖籍直隶南皮（今河北南皮），出生于贵州兴义府，同治二年（1863年）进士，光绪七年（1881年）任山西巡抚，开始大力开展洋务活动。光绪十年（1884年）任两广总督，此后历任湖广总

（图6-6-01）张之洞像

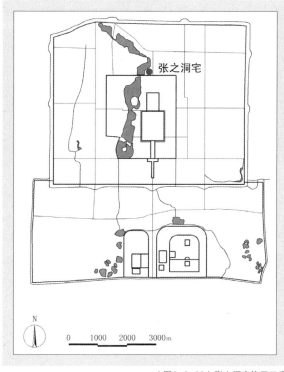

（图6-6-02）张之洞宅位置示意

督、两江总督，任上积极推进矿务、工厂、运输以及新式学堂和新式练兵事业，成为洋务派的主要代表人物。光绪三十三年（1907年）奉旨入京，任大学士、军机大臣，宣统元年（1909年）病逝，谥号"文襄"。

张之洞宅位于白米斜街路北（图6-6-02），其北墙外紧靠着什刹海的前海南岸，是典型的临水四合院。由于白米斜街是一条斜向的胡同，张宅也同样采取偏斜的朝向，与水岸的走势一致。

全宅规模很大，呈现出东、中、西三路格局（图6-6-03），而且三路之间还分别设有东西跨院。中路共设四进院落，前设一长排倒座房（图6-6-04），宅门为广亮大门式样（图6-6-05），门上原有对联"朝廷有道青春好；门馆无私白日闲"。门外设有大影壁（图6-6-06）、上马石、八字墙，强调了主人显赫的地位；第二院入口为垂花门，院内建有三间正

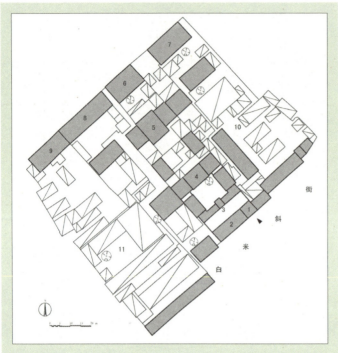

1.中路宅门 2.中路倒座房 3.中路垂花门 4.中路二进院正房 5.中路三进院正房
6.中路后照房 7.东楼 8.中楼（已改造）9.西楼 10.原东路花园 11.原西路宅院

（图6-6-03）张之洞宅现状平面图

（图6-6-04）张之洞宅倒座房

房以及东西耳房和东西厢房；第三进院同样建有正房、东西耳房和东西厢房，其正房进深很大，为勾连搭式样；最北为后照房。

东路为花园，其中叠置假山，并曾经挖有一片很小的水池，旁边种植着繁盛的松柏花草，至今仍留有部分树木（图6-6-07）。假山的北面是一座五间花厅，最北为五间后照楼。西路是另一组宅院，院落空间较为狭小，北侧又建楼阁两座。

这座四合院经过张之洞的改造，格局相对自由，最特别的地方是在最北临水处建有一排三座楼房，其中中楼为七间，东楼五间（图6-6-08），西楼六间（图6-6-09）。每座楼房南北两面都设有外廊（图6-6-10），人站在前廊可向南眺望地安门一

（图6-6-05）张之洞宅大门

（图6-6-06）张之洞宅门前大影壁

（图6-6-07）张之洞宅庭院树木

陆 · 清代经典府宅四合院撷英

张之洞宅

（图6-6-08）张之洞宅东楼北侧

（图6-6-09）张之洞宅西楼

（图6-6-10）张之洞宅东楼外廊

（图6-6-11）从张宅北望前海风光

带的市井百象，在后廊可向北观赏什刹海的红荷绿柳（图6-6-11）。这种赏景条件在北京城里是很难得的，因此张之洞本人曾经作诗夸赞自己的这座四合院是"最胜桥东第一宅"。

北京四合院很少修建楼阁建筑，像这样一连建造三座楼房的例子更为罕见。有人认为张之洞在此表现出洋务派的革新精神。但宅中的建筑形式仍然是很典型的北京民居式样，没有出现晚清时期流行的所谓"洋楼"。

张之洞去世后，他家的厨子曾经利用宅院的一部分开设著名的会贤堂饭庄。民国时期，著名学者冯友兰、张岱年先后在此住过。目前，此宅已变成大杂院，除了中路部分格局相对完整以外，其余大部建筑都被拆除，花园中的假山水池不见踪迹，又加建了很多新的简易房屋，杂乱不堪，临水三楼唯有东、西二楼尚在，略可追忆往日的风采。▲

荣源宅

清末内务府大臣荣源的宅第也位于东城帽儿胡同（图6-7-01），与文煜宅相距不远，但规模要小得多。此宅原来并不出名，但由于荣源的女儿婉容（图6-7-02）于民国十一年（1922年）嫁给末代皇帝溥仪，成为"末代皇后"，荣源受封为三等承恩公，溥仪小朝廷曾经专门对此宅进行了大规模的重修，形成了较为宏敞的格局（图6-7-03）。

宅分东西两路，各设四进院落，其中西路为主要的居住空间（图6-7-04），东路为花园休闲空间。原来东西两路各有单间宅门和倒座房（图6-7-05），溥仪大婚前特意将东路的大门改为三间，以求符合"后邸"的制度。门前设一对上马石，门内有一座大影壁。入门转西即进入西路院，南有倒座房，北为垂花门（图6-7-06），采用一

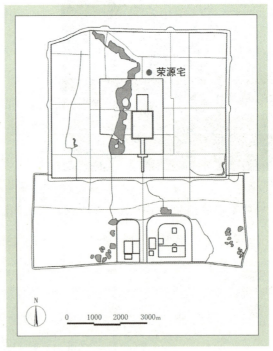

（图6-7-01）荣源宅位置示意

（图6-7-02）婉容像

陆·清代经典府宅四合院撷英

荣源宅

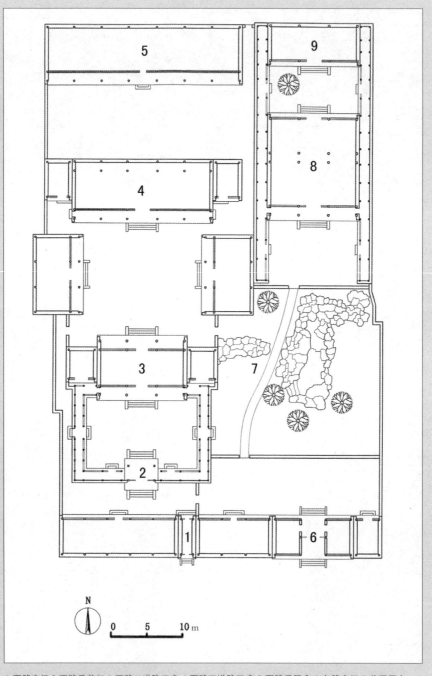

1.西路宅门 2.西路垂花门 3.西路二进院正房 4.西路三进院正房 5.西路后照房 6.东路宅门 7.花园假山 8.东路三进院正房 9.东路后照房

(图6-7-03)荣源宅平面图

（图6-7-04）荣源宅西路纵剖面图

（图6-7-05）荣源宅西路倒座房

（图6-7-06）荣源宅西路垂花门

殿一卷式样，檐下挂落雕刻精美（图6-7-07）。垂花门北为二进院，属于典型的"上房院"，以抄手游廊环绕，不设厢房，北面正房三间，带有前后廊，用作客厅，左右各设两间耳房。第三进院更为宽敞，形态接近正方，不设游廊，北有正房五间（图6-7-08），左右带耳房，东西设厢房各三间，是主要的内寝空间。第四进院的北面建有后照房七间。西院建筑屋顶均设清水脊，等级较高。其中第三进院正房的室内装修最为精美，屋顶铺有井口天花，明间设有栖凤牡丹落地花罩，西次间有七扇椭圆形玻璃镜屏（图6-7-09），西稍间北壁镶嵌整面水银玻璃镜，东次间和东稍间还保留着旧碧纱橱，

（图6-7-07）荣源宅西路垂花门檐下挂落

（图6-7-08）荣源宅西路三进院正房

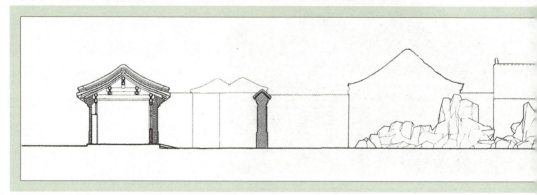

（图6-7-09）荣源宅西路三进院正房雕花落地罩与玻璃镜屏

在现存北京四合院中极为罕见。

其东路庭院辟有小花园（图6-7-10），尺度疏朗，内叠青石假山，形态比较朴拙，山南有石磴可登。原来山旁还有水池，现已填平。院中有正厅三间，为两卷勾连搭，进深很大，显得很高峻，室内也有碧纱橱、花罩等精美的室内装修。正厅东西两侧有廊一直贯通到最北的院墙，墙壁上则开有花窗。最后一进为三间北房。▲

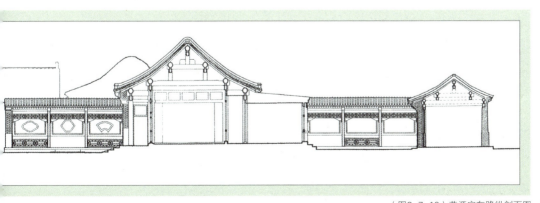

（图6-7-10）荣源宅东路纵剖面图

纪昀宅

北京外城四合院的建筑和院落的规模普遍不如内城四合院，质量也较为逊色，因此著名的宅第数量较少，但其中也有一些佼佼者，如乾隆间名臣纪昀的宅第就是一例。

纪昀字晓岚（图6-8-01）（也就是电视剧中经常戏说的"铁齿铜牙纪晓岚"），是著名学者，官至礼

（图6-8-01）纪昀画像

部尚书、协办大学士，曾领衔编纂《四库全书》，作有《阅微草堂笔记》等著作。他的故居即名阅微草堂，位于外城宣武门南虎坊桥一带（图6-8-02）。这座宅子本来是雍正、乾隆年间名将岳钟琪的故居，后来才归属纪昀。此宅原来规模较大，拥有多进院落，但后来被纪氏后人分割出售，目前仅存两进院落，并被改

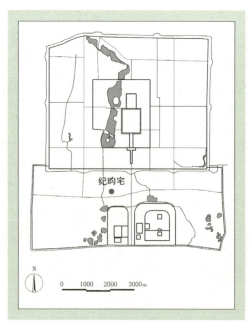

（图6-8-02）纪昀宅位置示意图

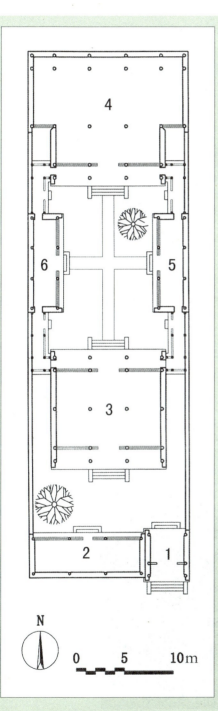

（图6-8-04）维修中的前院正房侧立面

建为晋阳饭庄，格局与乾隆时期有所出入（图6-8-03）。

宅门位于东南角，西设倒座房三间（图6-8-04），前院北为正房三间，两卷前后廊建筑，此房在晚清时期曾经被改造过，门窗洞口处理成拱形，反映了近代以来西方建筑对北京四合院的影响。院中两侧没有厢房、游廊之设，中央有紫藤萝一棵，老干盘曲，形如矫龙，相传是纪昀当年手植（图6-8-05）。后院以游廊环绕（图6-8-06），正堂为五间硬山建筑（图6-8-07），前出三间抱厦，上悬"阅微草堂"匾额，东西各有厢房三间，院中尚有一株海棠。

这组四合院的宽度较小，院落空间都比较局促，因此厢房的进深也都很有限，反映了外城四合院的典型特色。▲

1.宅门 2.倒座房 3.前院正房 4.后院正房（阅微草堂）5.后院东厢房 6.后院西厢房

（图6-8-03）纪昀宅平面图

（图6-8-05）纪昀宅后院剖面图

（图6-8-06）纪昀宅后院游廊

（图6-8-07）纪昀宅后院正房

柒 近现代文化名人故居四合院例说

1928年国民政府定都南京，改北京为北平，古都逐渐不复往日的繁华，很多四合院也沦于残破。1937年七七事变之后，北京又沦陷于日寇的魔掌达八年之久。但民国时期的北京始终是北方的文化中心，许多文化名人长期驻京教书、写作、研究，甚至形成了特殊的"京派"文化圈。这些文化名人来自全国各地，但在北京大多拥有自己的四合院。直至1949年解放后，仍然有很多文化名人依然保持自己独立的四合院住所。他们所住的四合院大多属于中小规模的宅子，一般都是清朝流传下来的旧宅，经过或多或少的改建，论气派远远不及清代的府邸名宅，但由于与文化名人的密切联系而常常见载于近现代的各种文献，其建筑空间也往往浸润了主人的文化修养而具有特殊的文化气息，并成为后人景仰的纪念地。北京现存的文化名人故居不下几十座之多，本书在此选择六个具有代表性的例子进行介绍。

鲁迅故居

鲁迅（1881—1936）原名周树人（图7-1-01），浙江绍兴人，中国现代最著名的文学家、思想家，曾经长期在北京居住生活，直至1926年8月离京南迁。

（图7-1-01）鲁迅先生像

鲁迅先生在北京的故居前后有两处（图7-1-02）。第一处在西城八道湾胡同11号，是鲁迅与二弟周作人（图7-1-03）、三弟周建人共同生活的地方。1919年鲁迅卖掉绍兴老宅后，回京看了多处房产，最后花费了3500大洋从罗姓人家手中买下此宅，并

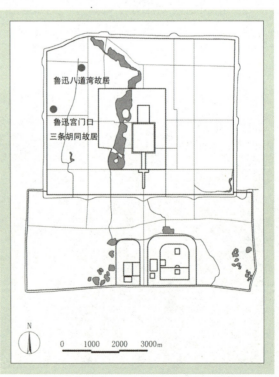

（图7-1-02）鲁迅故居位置示意

特意请人作保立下契约，确认房产由三兄弟和老母亲共同所有。

　　这所宅院规模较大，全宅分为三进院落（图7-1-04～图7-1-05）。大门是一座门楼，居东南位置，进门迎面建有一座影壁。一进院是个长方形的院落，不设厢房，北侧有九间正房（图7-1-06），其中东侧第三间被辟作通向

（图7-1-03）周作人像

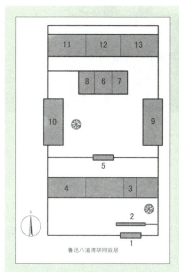

1.入口门楼 2.影壁 3.二门 4.一进院北房（西三间为鲁迅书房兼卧室） 5.中门 6.正房明间（起居厅） 7.正房东次间（鲁母卧室） 8.正房西次间（朱安夫人卧室） 9.东厢房（辅助房间） 10.西厢房（苦雨斋） 11.后照房西三间（周作人一家住房） 12.后照房中三间（周建人一家住房） 13.后照房东三间（客人住房）

（图7-1-04）鲁迅八道湾故居平面图

（图7-1-06）八道湾故居一进院北房

（图7-1-05）八道湾故居建筑模型

（图7-1-07）八道湾故居中门

后院的二门，西侧三间被鲁迅用作卧室兼书房，其余用作会客间。

二进院是主院，南侧正中设有一道中门（图7-1-07），北为正房三间，明间用作堂屋，平时吃饭、待客均在此；堂屋后侧设有木炕，冬天时鲁迅也睡在这里；正房西次间是鲁迅原配朱安夫人卧室，东次间是鲁母卧室；院中东西各有厢房三间，东厢房用作辅助房屋，西厢房也曾经用作鲁迅卧室，鲁迅搬走后被周作人改作了书房，取名"苦茶庵"。院中央曾经有过一个小小的荷花池，大约3米长、2米宽。

三进院比较狭长，北侧建有一排九间后照房，西侧三间住着周作人一家，中间三间是周建人一家，东侧三间是内客房，用来接待客人住宿，其中最东一间曾住过俄国盲诗人爱罗先珂，爱罗先珂还在门前的积水中养过蝌蚪。此外家中还住着几个佣人。

周作人和周建人都有子女，鲁迅先生当初选择这所宅院的重要原因就是看重这里院落宽大，可以有足够的空地供给小孩子玩耍。周氏兄弟

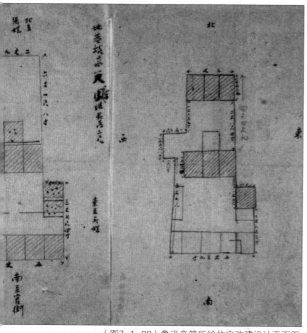

（图7-1-08）鲁迅亲笔所绘住宅改建设计平面图

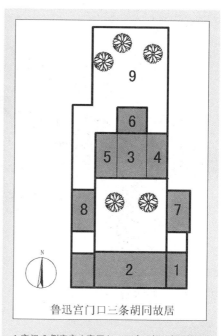

1.宅门 2.倒座房（客厅） 3.正房明间（起居厅）
4.正房东次间（鲁母卧室） 5.正房两次间（朱安夫人卧室）6.老虎尾巴（鲁迅书房兼卧室）7.东厢房（女佣房）8.西厢房（厨房）9.后园

（图7-1-09）鲁迅宫门口三条故居平面图

都曾经在日本留学，周作人的夫人羽太信子还是日本人，因此有些生活习惯也带有日本风格，部分房间的隔断被改成日本式的"障子"，也就是糊纸的木推拉门。

这座四合院是鲁迅写作《阿Q正传》等名著的地方，周氏兄弟和当时的不少作家也都在散文中描写过这里。可惜1923年鲁迅与周作人兄弟失和，被迫搬出了这所宅子，一度在砖塔胡同租屋居住，后于1924年向友人借贷买下了第二所住宅。

第二处鲁迅故居位于西城阜成门内宫门口三条19号。鲁迅购买后即亲自画出设计草图，对全院进行改造翻修（图7-1-08）。这座四合院比八道湾的宅子要小得多，只有前后两进院落，主要的建筑物都位于前院（图7-1-09）。院南临胡同建一排五间倒座房，最东侧一间开设了一个

（图7-1-10）宫门口三条故居宅门

（图7-1-12）宫门口三条故居客厅内景

（图7-1-11）宫门口三条故居前院

砖砌的拱门作入口（图7-1-10），并无独立的门屋门楼之设。

前院中对称种植了两株丁香，倒座房为客厅，东厢房两间为女佣用房，西厢房两间用作厨房。正房三间，明间为起居厅，东西次间仍分别为鲁母和朱安夫人卧室。特别之处在于正房的北侧专门接出一间平顶小屋，被鲁迅称为"老虎尾巴"，面积只有9平方米，却是鲁迅的书房兼卧室。后院其实是一个小园子，长了很多杂草，还有一些树木，颇有一些野趣。鲁迅先生的故乡绍兴故宅中有一个花园叫做"百草园"，是他童年时期的乐园，后来鲁迅在散文名篇《从百草园到三味书屋》中做过很生动的描写。鲁迅第二次置业时特意在北京的这座宅子开辟一个小小的后园，也含有纪念故乡百草园的意思。

鲁迅在此生活了两年之久，并撰写《华盖集》、《续编华盖集》、《坟》、《野草》、《彷徨》等大量作品，同时还主持编辑了《语丝》、《莽原》等周刊杂志。鲁迅离开北京后，鲁母和朱安夫人仍一直住在这里，直至逝世，其间鲁迅回京探望母亲也仍然住在这里。▲

（图7-1-13）宫门口三条故居正房

（图7-1-14）宫门口三条故居西厢房

（图7-1-15）"老虎尾巴"

（图7-1-16）"老虎尾巴"内景

(图7-1-17)宫门口三条故居后院植物

郭沫若故居

郭沫若（1892—1978），原名郭开贞，字鼎堂，号尚武，笔名沫若，四川乐山人，中国当代著名文学家、历史学家、考古学家和社会活动家（图7-2-01）。郭沫若在北京曾有不同住所，其晚年故居位于西城前海西街18号（图7-2-02），1963—1978年在此居住。

（图7-2-01）郭沫若先生像

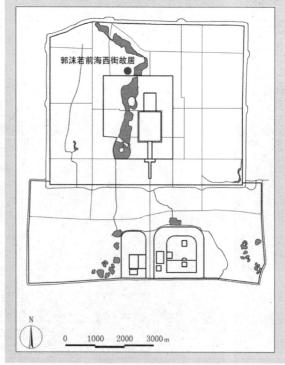

（图7-2-02）郭沫若故居位置示意图

此宅占地广阔,达7200平方米,但建筑数量不多,拥有很大的前庭院,由民国时期著名的中药世家乐氏达仁堂建于20世纪20年代(图7-2-03)。1949年后曾用作蒙古人民共和国驻华使馆驻地,后一度成为宋庆龄住所。1963年11月郭沫若全家由西四大院胡同5号迁居至此。

宅门面东,入门为大型砖砌照壁,照壁后有两座土山(图7-2-04),

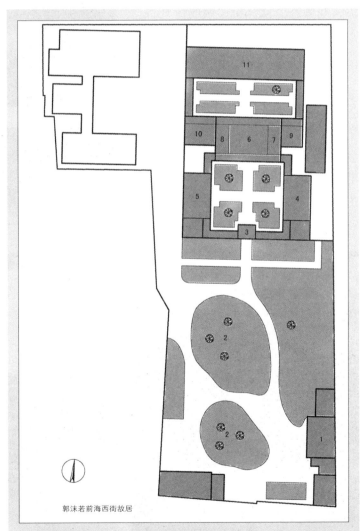

郭沫若前海西街故居

1.大门 2.土山 3.垂花门 4.东厢房 5.西厢房 6.正房中三间(客厅) 7.东稍间(卧室) 8.西稍间(办公室) 9.东耳房 10.西耳房 11.后照房

(图7-2-03)郭沫若故居平面图

山上树木很繁茂。住宅部分居于北侧，分为两进。由垂花门（图7-2-05）进入前院，院落很宽敞，北为正房五间（图7-2-06～图7-2-07），中央三间为客厅（图7-2-08），东稍间卧室，西稍间为办公室。正房两侧带耳房，东西各设厢房各三间（图7-2-09），用作子女卧室，各房彼此以游廊串连（图7-2-10）。院内种有牡丹、海棠和银杏（图7-2-11）。

后院种有月季花和松树（图7-2-12），景色清幽，最北为一排九间后照房（图7-2-13），是当年郭沫若夫妇研习书法的场所。▲

（图7-2-04）前园土山

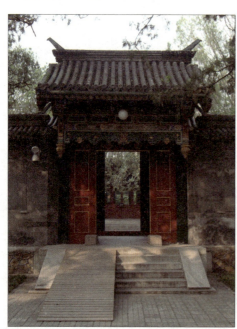

（图7-2-05）垂花门

（图7-2-06）前院正房

（图7-2-08）前院正房客厅内景

（图7-2-07）前院正房前廊

（图7-2-09）前院东厢房

（图7-2-10）前院游廊

（图7-2-11）前院海棠

（图7-2-13）后照房

（图7-2-12）后院松树

207

老舍故居

（图7-3-01）老舍先生像

老舍（1899—1966），原名舒庆春，字舍予，北京人，满族正红旗，中国现代著名作家、戏剧家（图7-3-01）。老舍虽然是土生土长的北京人，但自幼家境贫寒，出生在北京西城小羊圈胡同的一所大杂院中，前半生又在各地漂泊，在北京始终没有属于自己的宅院，直至解放后才自己出资购买了一所四合院作为住所，1950—1966年在此居住，现被辟为老舍纪念馆。

这所四合院位于北京东城区丰富胡同19号（图7-3-02），地段很好，但宅院本身很普通（图7-3-03）。丰富胡同是一条南北走向的胡同，老舍故居位于西侧，院东侧辟一座砖砌门楼（图7-3-04），入门可见一座砖影壁。门南

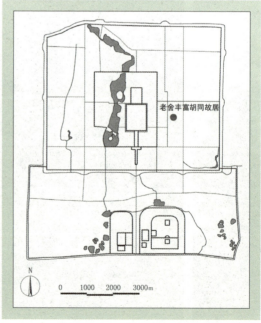

（图7-3-02）老舍故居位置示意图

老舍丰富胡同故居

1.入口门楼 2.影壁 3.门房 4.厕所
5.杂物间 6.跨院正房（儿子卧室）
7.正房明间与西次间（客厅）
8.西耳房（老舍书房兼卧室）
9.正房东次间（胡絜青画室兼卧室）
10.东耳房（卫生间）11.锅炉房
12.东厢房（厨房与餐厅）
13.西厢房（女儿卧室）

（图7-3-03）老舍故居平面图

（图7-3-05）老舍故居二门

（图7-3-04）老舍故居宅门

侧有三间倒座房，由看门的工友居住。砖影壁西面是个小跨院，内设平屋顶正房两间，为家中男孩卧室，白天兼作老舍私人秘书南仁芷办公室，对面的两间小房分别用作厕所和贮藏室。

从前院通过一个中门（图7-3-05）可进入正院。正院较为宽敞，北为正房三间（图7-3-06），两侧各设一间耳房，东西设厢房各三间。正房的明间和西次间用作客厅，东次间为老舍夫人胡絜青的画室兼卧室（图7-3-07），东耳房是卫生间，装有抽水马桶和洗澡盆。东耳房的墙外还有一间小锅炉房，里面装了一台小暖炉，供冬季全院采暖之用。西耳房是老舍先生的书房兼卧室，其中设有特

（图7-3-06）老舍故居正房

（图7-3-08）老舍故居东厢房

（图7-3-07）老舍先生卧室

（图7-3-09）老舍故居西厢房

（图7-3-10）老舍故居庭院柿子树

制的大木床和大壁柜。老舍先生在此居住的16年中创作了24部戏剧剧本和两部长篇小说，其中以《龙须沟》、《茶馆》和未完成的《正红旗下》最为著名。东厢房（图7-3-08）最北一间为厨房，南二间为餐厅，西厢房三间用作女儿卧室（图7-3-09）。

这个院落很整齐，保存着一个大铜缸，正房前还移植了两株柿子树（图7-3-10），果实为橘红色，深受老舍喜爱，因此将此院命名为"丹柿小院"，并将画室称为"双柿斋"。著名画家于非闇曾专门来给这两棵柿树画了一幅工笔国画。

茅盾故居

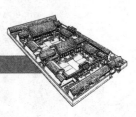

茅盾（1896—1981）原名沈德鸿，字雁冰，浙江桐乡乌镇人，中国现代著名文学家，解放后长期担任文化部长（图7-4-01）。茅盾故居位于东城后圆恩寺胡同13号（图7-4-02），是1974—1981年茅盾在京的住所。

此宅是一个两进的四合院（图7-4-03），格局紧凑。大门位于东南角，为如意门式样（图7-4-04），入门可见一座造型简单的照壁（图7-4-05）。前

（图7-4-01）茅盾先生像

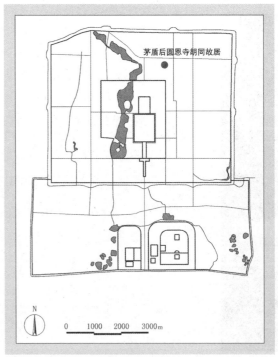

（图7-4-02）茅盾故居位置示意图

院南设倒座房，北为正房三间（图7-4-06），两侧带耳房，东西设厢房各三间，其中西厢房为会客厅兼书房（图7-4-07～图7-4-08）。前院留存一株古树（图7-4-09），中央设有藤架（图7-4-10），上面还搭了一个秋千，是当年茅盾特意为小孙女创制的游戏设施。后院有后照房六间（图7-4-11）。此宅现为茅盾纪念馆。▲

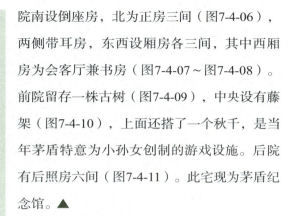

1.宅门 2.倒座房 3.正房 4.东耳房 5.西耳房 6.东厢房 7.西厢房 8.藤架 9.后照房

（图7-4-03）茅盾故居平面图

（图7-4-04）茅盾故居宅门

（图7-4-05）茅盾故居照壁

（图7-4-06）茅盾故居正房

（图7-4-07）茅盾故居西厢房　　　　　　　　　　　　　　　　　　（图7-4-08）茅盾故居会客厅

（图7-4-10）茅盾故居藤架

（图7-4-11）茅盾故居后照房

（图7-4-09）茅盾故居古树

齐白石故居

（图7-5-01）齐白石像

齐白石（1863—1957）（图7-5-01），原名纯芝、字渭清，后改名璜，字濒生，号白石，别号借山吟馆主人、寄萍老人等，湖南湘潭人，中国国画大师。

齐白石在北京的故居有两处（图7-5-02）。一处在西城辟才胡同内跨车胡同13号，齐白石自50岁后一直在此生活。此宅坐西朝东，实际上是一座带有东跨院的三合院，占地面积不足600平方米（图7-5-03）。宅

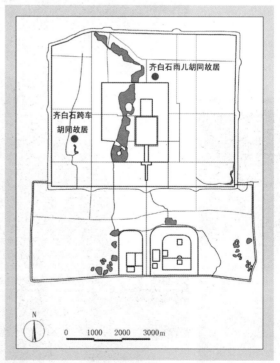

（图7-5-02）齐白石故居位置示意图

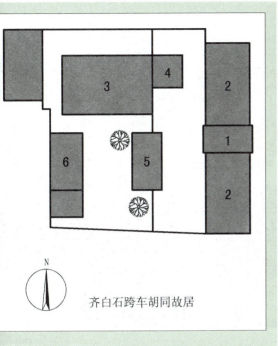

1.宅门 2.倒座房 3.正房（齐白石画室兼卧室）4.东耳房 5.东厢房 6.西厢房

（图7-5-03）齐白石跨车胡同平面图

（图7-5-04）齐白石跨车胡同故居宅门

（图7-5-05）齐白石跨车故居后院墙

院东设一排倒座房，中央建有门楼（图7-5-04）。主院中设有北房、东耳房和东西厢房，其中三间北房即是白石老人的居室兼画室，檐下悬挂老人亲笔所题的"白石画屋"横匾。当年为了保证安全，特意在屋前安有铁栅栏，因此白石老人又称之为"铁栅屋"（图7-5-05）。

齐白石另一处故居位于东城南锣鼓巷雨儿胡同13号，原是清代一个官僚宅第的一部分，解放后文化部为了照顾白石老人的生活，特意购下让老人居住。这所四合院的质量要明显好于旧宅，院落宽阔（图7-5-06），东南设宅门门楼（图7-5-07），南有一排倒座房，北为正房三间，两侧带耳房各三间，东西设厢房各三间，并以游廊环绕。东西各带一个小跨院，西跨院的屏门上还保存着"紫气东来"砖雕。但白石老人在此生活并不习惯，思念旧居，因此住了很短时间就迁回西城跨车胡同旧宅了，此处改为中国美术家协会的办公场所。▲

1. 宅门 2.倒座房 3.正房 4.东耳房 5. 西耳房 6.东厢房 7.西厢房

（图7-5-06）齐白石雨儿胡同故居平面图

(图7-5-07)齐白石雨儿胡同故居大门

梅兰芳故居

梅兰芳（1894—1961）（图7-6-01）名澜，又名鹤鸣，字畹华、浣华，别署缀玉轩主人，艺名兰芳，江苏泰州人，中国著名京剧表演艺术家。梅兰芳出生于北京，在北京先后拥有两处故居（图7-6-02）。

（图7-6-01）梅兰芳先生像

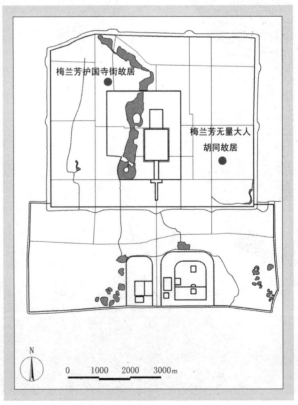

（图7-6-02）梅兰芳故居位置示意图

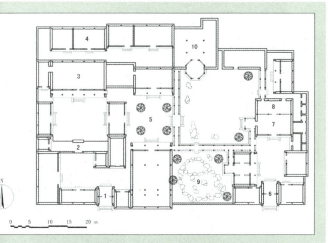

1.西路宅门 2.垂花门 3.西路正房 4.西路后照房 5.跨院
6.东路宅门 7.客厅 8.书房 9.花园假山 10.洋楼

（图7-6-03）梅兰芳无量大人胡同故居平面图

（图7-6-04）梅兰芳无量大人胡同故居庭院

（图7-6-05）梅兰芳无量大人胡同故居书房内景

第一座故居位于东城无量大人胡同（后改红星胡同），规模很大，分为东西两路院落，其间还设有跨院（图7-6-03）。西路共设三进，宅门偏东，第一进为前院，设有倒座房；第二进院以垂花门为入口，北为五间正房，东西设东西厢房各三间（图7-6-04）。东路为花园，西南部辟有假山，东侧有一座三卷勾连搭的大厅，前部用作客厅，后部辟为书房，还悬挂了一面"缀玉轩"匾额（图7-6-05）。院北建了一座二层洋楼，与传统的四合院风貌不太协调。抗战时期梅先生避居香港，蓄须明志，拒绝为日伪演出，经济日渐困难，终于将此宅售与柯氏。

第二座故居位于西城护国寺街9号，是梅兰芳1950—1961年的住所。这个四合院规模要小很多，分为前后三进（图7-6-06）。大门居东南角

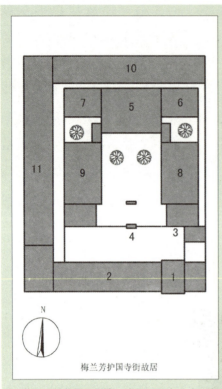

1.宅门 2.倒座房 3.影壁 4.中门 5.正房 6.东耳房
7.西耳房 8.东厢房 9.西厢房 10.后照房 11.跨院西房

（图7-6-06）梅兰芳护国寺街故居平面图

（图7-6-07）梅兰芳护国寺街故居大门

（图7-6-07），入门为照壁（图7-6-08），门左右各设倒座房五间和一间；二门是墙垣式门（图7-6-09），比较简单，二进院北为正房三间（图7-6-10），左右带耳房两间，东西有厢房各三间，以平顶游廊环绕（图7-6-11）。第三进院极为狭窄，后照房前檐与正房后檐之间间距不足两米（图7-6-12）。宅西侧有一个小跨院，设有一排西房，用作辅助用房。

院中花木多为梅兰芳手植。晚年的梅先生经常在院中舞剑、练功，并与孙辈玩耍（图7-6-13）。此宅保存完好，现设为梅兰芳纪念馆。▲

（图7-6-08）梅兰芳护国寺街故居影壁

（图7-6-09）梅兰芳护国寺街故居二门

（图7-6-10）梅兰芳护国寺街故居正房

（图7-6-11）梅兰芳护国寺街故居庭院小景

（图7-6-13）梅兰芳先生晚年在护国寺宅院内看孙辈游戏

(图7-6-12)梅兰芳护国寺街故居后照房

捌 四合院的文化内涵与生活情韵

北京四合院凝聚着深厚的文化内涵，既讲究风水禁忌，又体现了强烈的伦理尊卑的含义和隔绝内外的功能，以宽敞端庄而又不失曲折含蓄的风格形成了一片静美的小天地。一年四季，四合院成为北京人最富有诗意的栖居空间，充满了雅致恬淡的生活情韵。

风水禁忌

风水又称堪舆，是中国古代一种神秘的方术，主要通过对城镇、村落、建筑、墓地的地形、方位的观测来确定选址和布局（图8-1-01），达到趋吉避凶的目标。风水术经过历代传承，对中国古代城市和建筑影响非常深远，但今天对风水的评价存在着很大的差异，有人认为其中包

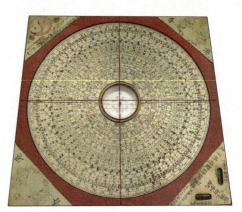

（图8-1-01）观测风水的罗盘

含着古代朴素的环境科学原理，有人认为主要反映的是封建迷信糟粕。

北京四合院属于"阳宅"的范畴，也有很多风水上的讲究。一般来说，考察一个宅院的选址好坏，要看它与周围道路、树木以及其他住宅的关系，同时对住宅平面的轮廓形状也有要求。北京四合院以长方形为最吉，南窄北宽的梯形以及方形也算是吉地，而南宽北窄的梯形以及曲尺形则被视作不吉。方位方面，坐北朝南是最好的朝向，也是大多数四合院的实际建造模式。其他的禁忌包括宅门不能正对着道路的走向，邻居住宅的房屋不能太高等等。宅门一般位于东南方，厕所多在西南方，也都是从八卦方位得到的启示（图8-1-02）。此外中国自古有一个成语叫"门当户对"，但从风水的角度来讲，位于同一条胡同两侧人家的宅门是绝对不能

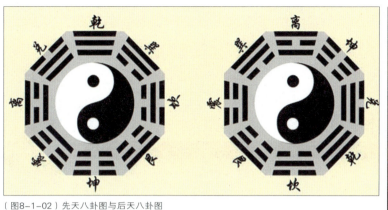

（图8-1-02）先天八卦图与后天八卦图

（图8-1-03）门光尺

相互直对的，据说会对两家主人有很大的妨害。不过从环境心理学的角度看，两家户门如果彼此相对，也确实会带来视线干扰的问题，并影响各自的出入。

中国风水最注重"藏风聚气"，这个"气"的含义很玄奥，有多种解释。通常宅门偏于一侧，门对照壁，便可以防止"气"随便泄走。另外北京人也重视"接地气"，就是认为人不能离开大地，一定要住在与地面直接气息相通的平房中，所以即便设有楼阁，也主要用于观景和储藏东西，并不住人。

更讲究的风水师要使用一种叫做"门光尺"的特殊工具（图8-1-03）。这种尺又叫"鲁班尺"，上面每尺分为八寸，在刻度的位置分别标注"财"、"病"、"离"、"义"、"官"、"劫"、"害"、"吉"等字样，通过一套复杂的计算方法来确定建筑门窗的尺度。这些东西未免有故弄玄虚的嫌疑，不值得相信。

很多四合院受到先天条件的限制，很难完全符合风水的要求，总会有这样那样的缺陷。这些缺陷可以通过一些方法来进行调整和变通，包括设置影壁、石敢当以及在墙上挂一面镜子等等，据说都有改善风水的作用。

风水给北京四合院披上了一些神秘的色彩，我们今天也不必深究，只要看做是古代科学不发达情况下的一种文化现象而略作了解就足够了。▲

伦理秩序

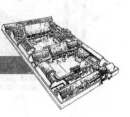

家庭是社会的基本单位。在中国古代封建社会中,家庭也是等级鲜明的社会的缩影(图8-2-01)。住宅非常深刻地反映了这种特性。四合院中的布局与家庭成员聚居的形式紧密对应,各座建筑分属家长、子女、仆佣等不同的家庭成员,通过位置、朝向、宽窄、高低体现了不同的等级差别,又连接为统一的整体,尊卑有序,具有很强的伦理特性(图8-2-02)。

四合院中的正房大多居北,朝向最好,面宽和进深都是最大的,同时屋顶也是最高的,是整个住宅的核心建筑,因此由一家之主居住。一家的老主人去世了,继承者不但得到全部家产,也可以搬进正房,名正言顺地占据核心位置。

厢房东西对称,地位低于正房,大多用作儿子一辈的住房。中国的传统是以东为贵,因此理论上讲应该由长子住东厢房,其他儿子住西厢房,而且东厢房的屋顶要比西厢房略微高一点,表示"青龙压白虎"【中国古代的方位与四种祥瑞兽相联系:东青龙,西白虎,南朱雀,北玄武】之意。不过这点差异只是风水上讲究,肉眼是辨别不出的。

古代未出嫁的女子地位不高,一般住在后照房中。家中的教书先生以及留宿的客人大多安排在外院的倒座房里,而一些下人则根据各自的具体分工分别住在倒座房、耳房、后照房或者跨院的下屋中。地位低的人,住所的朝向就比较差,房间也窄小。

（图8-2-01）晚清时期生活在四合院中的官员全家合影

从居住的角度来说，西厢房朝东，面对的是晨光；东厢房朝西，面对的是夕阳，有西晒之苦，住起来还不如西厢房舒服，有的人家因此也可能把东厢房作为下屋使用。对此老北京也有句谚语说："有钱不住东南房，冬不暖来夏不凉。"整个四合院中，只有北房才具有冬暖夏凉的最佳效果，西房次之，东房再次，南房最差。曹禺先生的著名话剧《北京人》中，辈分最高的家长老太爷、老太太住北房，下一代的大爷、大奶奶住西厢房，东厢房留给保姆、奶妈带着小孩住。这是民国时期的北京四合院的一种生活写照。

（图8-2-02）井然有序的四合院格局体现了强烈的礼制含义

隔绝内外

中国古代建筑主要采用木结构体系,除了山墙之外,单体建筑本身大多不设厚重的外墙,没有很强的防御功能。四合院各座建筑都面向内院分布,整体防卫效果主要靠周围的一圈院墙来完成。

对于四合院来说,封闭的外墙和内部的重重隔墙更重要的功能就是区别内外,尤其是限制女性的活动范围。先秦时代的《墨子》中就说过:"宫墙之高足以别男女之体",意思是建筑庭院中的墙需要具有足够的高度以免男女混杂。在一座大型的北京四合院中,结实的外墙把里面的所有建筑都遮盖的严严实实,令外人难窥究竟;倒座院与内院之间的隔墙把一般的客人礼貌地阻挡在垂花门之外,前厅与后寝之间的隔墙把相对具有公共性的空间与完全私密的居住空间分开,后照院、跨院的隔墙又把附属空间与主体院落区分开,形成了一个个相对独立的院落,整个系统显得封闭而严谨。

这种封闭性给住在四合院中的人们带来充分的安全感,层层的隔墙也进一步限定了不同庭院的空间性质,有利于维护家庭的稳定(图8-3-01)。▲

(图8-3-01)围合中的四合院

静美天地

中国人的艺术最讲究曲折、含蓄，对此冯友兰先生曾经总结说："富于暗示，而不是明晰得一览无遗，是一切中国艺术的理想，诗歌、绘画以及其他无不如此。"【冯友兰著：中国哲学简史，涂又光译，14—15，北京：北京大学出版社，1985】这种思想反映在建筑中，就表现为复杂而递进的院落空间，如同一幅长卷画，需要随着人的行进脚步来依次展开每个庭院，最重要的建筑大多掩藏在大门和围墙之内，而不是一览无余地直接呈现在人的面前。北宋词人欧阳修的名句"庭院深深深几许"，正是中国建筑最形象的写照（图8-4-01）。

（图8-4-01）庭院深深

（图8-4-02）游廊与月亮门

北京四合院是典型的中国建筑，同样讲究曲折、含蓄。从宅门开始，照壁、月亮门、垂花门，形成了一道道的遮挡和入口，在甬道和游廊间不断转折的路径以强化曲径通幽的效果（图8-4-02）。在多进的大四合院中，这种深度的空间感更是被表现得淋漓尽致。同时，不同大小和不同形状的庭院与高矮、朝向不一的房屋相互穿插，形成开阖变幻的空间，如同一首节奏鲜明的曲子，引人入胜。

每个院子的正房、厢房、耳房形式虽然雷同，但面阔、进深的尺度各不相同，很多细节上更是存在微妙的差异，加上小巧精美的垂花门和开敞的游廊，整体上呈现出主次分明、虚实对照、错落有致的序列感，在花木、光影的映衬下，自成一个静美的小天地。▲

雅居生活

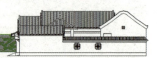

　　四合院是北京人主要的生活空间，也与北京人的精神气质高度契合。到底是北京人的地方性格决定了四合院的格局，还是四合院的格局影响了北京人的地方性格？这个问题很难有明确的答案。我们只能说只有稳重大度的北京人才造得出这样气度从容的北京四合院，而宽敞大方的四合院又养育了一代又一代的北京人，二者相辅相成，难分彼此。

　　北京四合院具有很多优良的物理特性，又充满了人情味，特别适合北京地区的日常生活。

　　四合院院落宽敞，日照充足，大部分房屋都可以获得很好的采光；四面围合的内院形成了一个自我平衡的小环境，按老北京的话说，是含有"内气"，既隔绝了街上的尘嚣，又保证内部通风流畅。厚重的院墙和屋墙具有很强的保温和隔热效果，在一定程度上缓解了冬天的严寒和夏天的酷热。在这里，古人通过自然朴素的方法塑造出高度舒适的人居环境，显示出令人赞叹的智慧，也值得今天的绿色建筑和生态建筑技术予以借鉴。

　　邓云乡先生在《老北京的四合院》一文中总结道："北京四合院好在其合，贵在其敞。合便于保存自我的天；敞则更容易观赏广阔的空间，视野更大，无坐井观天之弊。这样的居住条件，似乎也影响到居住者的素养气质。一方面是不干扰别人，自然也不愿别人干扰。二方面很畅快、较达观、不拘谨、较坦然，但也缺少竞争性，自然也不斤斤计较。三方面对自然界很敏感，对春夏秋冬岁时变化有深厚情致。"【邓云乡：老北京的四合院．见谢其章选编《邓云乡讲北京》，46—47页，北京，北京出版社，2005】

从春节开始（图8-5-01），北京人就在四合院的大门上贴上对联和"福"字，把庭院内外打扫得干干净净。除夕之夜，各家宅门打开，以求纳福迎祥。元宵节的时候，屋檐廊下，都会挂上漂亮的花灯。春天北京经常刮风沙，没有江南那样的柔风细雨，但院子里的大树依然发出新芽，丁香、海棠也绽放出花朵。坐在廊下，听小鸟高歌，看花木更新，同样能体会到浓浓的春意（图8-5-02）。

北京夏天很热，四合院里却自然清凉（图8-5-03）。人们用一种似纱非纱的"冷布"糊上窗户，又透气又敞亮。隔扇门上挂上竹帘，隔着帘子能朦胧看见院中的树木光影。为了降温，可以在屋里放一个木桶或者瓦盆，里面搁一大块冰厂运来的天然冰块。有钱人家还在院子里搭一个天棚，专门用于乘凉。搭天棚是一项很高明的手艺活，需要专门的棚匠来完成。用长长的杉篙做支柱，小竹

（图8-5-01）大门上的福字与春联

（图8-5-02）四合院春意

（图8-5-03）四合院夏景

（图8-5-04）天棚鱼缸

竿做横支架，顶上铺芦席，以粗细麻绳捆扎，十分方便。夏天坐在天棚下乘凉避暑，说不出的惬意。到了晚上，还可以把顶上的芦席卷起，露出一方星空，更加引人遐思。除了夏天经常搭天棚以外，一些人家在办婚礼、丧礼和贺寿的时候，也会搭天棚用于接待亲朋好友。以前北京人有句顺口溜"天棚鱼缸石榴树，先生肥狗胖丫头"，说的就是小康之家的生活理想（图8-5-04）。

秋天是北京最好的季节。院子的树叶开始变黄、飘落（图8-5-05），台阶上摆出几盆菊花。中秋之夜，院子里排开桌案，陈列着月饼、瓜果，一家人团圆赏月，别是一番光景。偶尔落下的秋雨，打在地砖上、草丛中，雨停了，还可以听见断断续续的秋虫叫声。天高云淡的时节，宽阔的大院里也可以放风筝，风筝以淡蓝色的天空作背景，清爽而美丽。

（图8-5-05）四合院秋色

（图8-5-06）四合院冬日风光

（图8-5-07）四合院雪景

冬天的北京是很冷的。树叶都落尽了，只剩下枝杈。只有四合院的红柱绿漆还显露出几分浓艳的色彩。人们重新把窗户糊得更加严实，屋里生上炉子，腾腾的热气与室外的冰凌是两个世界。晴天的时候，可以在院子当中晒太阳，聊家常。下雪了，人们在院子里扫雪，孩子们打雪仗、堆雪人。银妆素裹的四合院显得比任何时候都更加素雅清新（图8-5-06～图8-5-07）。

在四合院中，旧时的北京人过的确实是一种"诗意的栖居"生活，也让今天生活在"钢筋水泥森林"中的现代人羡慕不已。▲

结语

如果把北京城比作一部立体的《永乐大典》，那么四合院无疑占据了其中最大的篇幅。一幢幢正房、厢房、倒座房、垂花门、后照房构成了大小不同的院落，又沿着胡同组合成一片片的街区，把博大精深的北京城铺展在华北大地上。

从施工建造到装修布置，从风水选址到栽花种草，北京四合院蕴涵着无数的奥妙，其端庄严谨的格局，轩敞大气的建筑，情趣盎然的花木，魅力无穷，永远令人沉醉。

从府邸巨宅到独家小院，从明清故旧到近代沧桑，北京四合院一直讲述着精彩的故事，说不尽，道不完，曲折生动，永远令人神往。

以上这一切绝非这本小书所能完全涵盖。如果读者读了以后，能够增加对四合院的一点兴趣，体会到四合院的宝贵价值，愿意进一步去接近四合院、了解四合院，并且自觉提高相应的保护意识，那么作者将会感到莫大的欣慰。

参考书目

[清] 于敏中等编撰. 日下旧闻考. 北京：北京古籍出版社，1985
[清] 吴长元. 宸垣识略. 北京：北京古籍出版社，1983
[清] 加摹乾隆京城全图. 北京：北京燕山出版社，1991
[清] 戴璐. 藤阴杂记. 上海：上海古籍出版社，1985
[清] 昭梿. 啸亭杂录. 北京：中华书局，1980
[清] 麟庆. 鸿雪因缘图记. 北京：北京古籍出版社，1984
[清] 翁同龢. 翁同龢日记. 北京：中华书局，1997
[清] 周家楣，缪荃孙等编. 光绪顺天府志. 北京：北京古籍出版社，1987
[清] 朱一新. 京师坊巷志稿. 北京：北京古籍出版社，1983
[清] 震钧. 天咫偶闻. 北京：北京古籍出版社，1982
崇彝. 道咸以来朝野杂记. 北京：北京古籍出版社，1982
陈宗蕃. 燕都丛考. 北京：北京古籍出版社，1991
邓之诚著. 邓珂点校. 赵丕杰整理点校. 骨董琐记全编. 北京：北京出版社，1996
侯幼彬. 中国建筑美学. 哈尔滨：黑龙江科学技术出版社，1997
中国科学院自然科学史研究所主编. 中国古代建筑技术史. 北京：科学出版社，2000
马炳坚. 北京四合院建筑. 天津：天津出版社，1999
马柄坚. 中国古建筑木作营造技术. 北京：科学出版社，1991
刘大可. 中国古建筑瓦石营法. 北京：中国建筑工业出版社，1993
李浈. 中国传统建筑木作工具. 上海：同济大学出版社，2004
郭黛姮. 华堂溢彩——中国古典建筑内檐装修技术. 上海：上海科学技术出版社，2003
何俊寿主编. 王仲杰副主编. 中国建筑彩画图集. 天津：天津大学出版社，1999
陆翔，王其明. 北京四合院. 北京：中国建筑工业出版社，1996
王其明. 北京四合院. 北京：中国书店，1999
北京美术摄影出版社编. 马炳坚撰文. 北京四合院. 北京：北京美术摄影出版社，1997
谭伊孝. 北京文物胜迹大全·东城区卷. 北京：北京燕山出版社，1991
朱家溍. 故宫退食录. 北京：北京出版社，1999
邓云乡. 北京四合院. 北京：人民日报出版社，1990
翁立. 北京的胡同. 北京：北京燕山出版社，1992

参考书目

北京市政协文史资料委员会选编.府园名址.北京：北京出版社，2000
胡玉远主编.燕都说故.北京：北京燕山出版社，1996
胡玉远主编.京华漫忆.北京：中国致公出版社，2002
北京史研究会编.燕京春秋.北京：北京出版社，1982
王彬，崔国政辑.燕京风土录.北京：光明日报出版社，2000
刘叶秋，金云臻.回忆旧北京.北京：北京燕山出版社，1996
高巍.京城旧影.辽宁美术出版社，1999
洪烛，邱华栋.北京的前世今生.北京：中国文联出版社，2002
吴建雍 等.北京城市生活史.北京：开明出版社，1997
北京燕山出版社编.京华古迹寻踪.北京：北京燕山出版社，1996
赵志忠.北京的王府与文化.北京：北京燕山出版社，1998
北京市文物事业管理局编.北京名胜古迹辞典.北京：燕山出版社，1989
北京东城区文化委员会编著.陈平，王世仁主编.东华图志——北京东城史迹录.天津：天津古籍出版社，2005
北京市东城区人民政府编.北京东城文物建筑.北京：朝华出版社，1997
北京市宣武区建设管理委员会，北京市古代建筑研究所合编.王世仁主编.宣南鸿雪图志.北京：中国建筑工业出版社，1997
田家青.清代家具.香港：三联书店（香港）有限公司，1995

致 谢

本书在写作过程中得到王贵祥先生、楼庆西先生和郭黛姮先生的指导,承王群先生和王向东先生提出宝贵意见,并得到清华大学建筑学院和李仅录先生、廖慧农老师、李路珂老师提供的宝贵资料,特此致谢。

感谢张万良先生对本书初版本提出的宝贵意见。

贾 珺
2010年5月于清华园

插图目录

编号	图名	来源
第一章	四合院与北京城	
图1-1-01	合院住宅演变形式	《中国古代建筑史》
图1-1-02	陕西岐山凤雏村西周住宅遗址平面	《中国建筑史》
图1-1-03	东汉画像砖中的合院住宅	《中国古代建筑史》
图1-1-04	敦煌壁画中的唐代合院住宅	《敦煌壁画建筑研究》
图1-1-05	敦煌壁画中的五代合院住宅	《敦煌壁画建筑研究》
图1-1-06	北宋《清明上河图》中的城市合院住宅	《中国古代建筑史》
图1-1-07	北宋《千里江山图》中的农村合院住宅	《中国古代建筑史》
图1-1-08	山西阳城潘家大院	清华大学建筑学院提供
图1-1-09	河南巩义康百万庄园	贾珺摄
图1-1-10	徽州民居	清华大学建筑学院提供
图1-1-11	浙江东阳卢宅庭院	清华大学建筑学院提供
图1-1-12	云南一颗印住宅	清华大学建筑学院提供
图1-1-13	古罗马时期庞贝古城合院住宅遗址	贾珺摄
图1-1-14	伊斯兰住宅庭院中的十字渠	清华大学建筑学院提供
图1-1-15	西班牙格林纳达狮子院	贾珺摄
图1-1-16	文艺复兴住宅庭院	贾珺摄
图1-1-17	合院住宅通常以前廊面对中央的庭院	贾珺摄
图1-1-18	合院住宅建筑与空地比例关系分析	贾珺绘制
图1-2-01	元大都平面图	《中国古代建筑史》
图1-2-02	元大都后英房住宅遗址平面图	《中国古代建筑史·第四卷·元明建筑》
图1-2-03	明清北京平面图	《中国古代建筑史》
图1-3-01	乾隆《京城全图》中的南锣鼓巷局部平面	《加摹乾隆京城全图》
图1-3-02	南锣鼓巷风貌	贾珺摄
图1-3-03	胡同风光	贾珺摄
图1-3-04	胡同情韵	贾珺摄
图1-3-05	胡同雪景	清华大学建筑学院提供
第二章	四合院的基本格局	
图2-1-01	单进四合院平面	贾珺绘制
图2-1-02	单进四合院三维模型正面鸟瞰	刘辉绘制
图2-1-03	单进四合院三维模型侧面鸟瞰	刘辉绘制

插图目录

图2-1-04	三合院平面	贾珺绘制
图2-1-05	三合院三维模型正面鸟瞰	刘辉绘制
图2-1-06	三合院三维模型侧面鸟瞰	刘辉绘制
图2-1-07	两进四合院平面	贾珺绘制
图2-1-08	两进四合院三维模型正面鸟瞰	刘辉、郭继政绘制
图2-1-09	两进四合院三维模型侧面鸟瞰	刘辉、郭继政绘制
图2-1-10	三进四合院平面	贾珺绘制
图2-1-11	三进四合院三维模型正面鸟瞰	刘辉、郭继政绘制
图2-1-12	三进四合院三维模型侧面鸟瞰	刘辉、郭继政绘制
图2-1-13	四进四合院三维模型正面鸟瞰	刘辉、郭继政绘制
图2-1-14	四进四合院三维模型侧面鸟瞰	刘辉、郭继政绘制
图2-2-01	金鱼胡同那桐宅平面图	贾珺摄
图2-2-02	带跨院的四合院鸟瞰图	《北京四合院建筑》
图2-2-03	东厂胡同瑞麟宅平面图	贾珺绘制
图2-3-01	石老娘胡同傅增湘宅平面	贾珺绘制
图2-3-02	石老娘胡同傅增湘宅花园景象	Gardens of China
图2-4-01	四合院中的藤架	贾珺摄
图2-4-02	孟端胡同某四合院庭院	华新民摄

第三章	四合院的建筑构成	
图3-1-01	古建筑平面构成	贾珺绘制
图3-1-02	屋有三分	贾珺绘制
图3-2-01	台基构成示意	贾珺绘制
图3-2-02	台阶踏步	贾珺摄
图3-3-01	清式建筑抬梁式构架示意图	《中国古代建筑技术史》
图3-3-02	柱子	贾珺摄
图3-3-03	梁檩椽枋构成示意图	贾珺绘制
图3-3-04	椽子	贾珺摄
图3-4-01	山墙	贾珺摄
图3-4-02	墀头	贾珺摄
图3-4-03	饿檐	贾珺摄
图3-4-04	山墙构成	贾珺绘制
图3-4-05	槛墙	贾珺摄
图3-4-06	后檐墙	贾珺摄

插图目录

图3-5-01	屋顶铺瓦方式	《中国古建筑瓦石营法》
图3-5-02	卷棚屋顶	《中国建筑史》
图3-5-03	清水脊蝎子尾	《中国古建筑瓦石营法》
图3-5-04	清代屋顶举折计算方法	《中国古建筑木作营造技术》
图3-5-05	中国古建筑常见屋顶形式	《中国古代建筑史》
图3-5-06	两卷勾连搭	《中国古建筑瓦石营法》
图3-5-07	抱厦	贾珺绘制
图3-6-01	吊挂楣子与坐凳栏杆	贾珺摄
图3-6-02	隔扇门	贾珺摄
图3-6-03	支摘窗	贾珺摄
图3-7-01	天花图案	《中国古建筑彩画图集》
图3-7-02	北京鼓楼东大街某宅室内隔断	《华堂溢彩——中国古典建筑内檐装修技术》
图3-7-03	四合院建筑中的圆罩	《华堂溢彩——中国古典建筑内檐装修技术》
图3-7-04	四合院建筑中的碧纱橱	《华堂溢彩——中国古典建筑内檐装修技术》
图3-7-05	博古架	《清代家具》
图3-8-01	圆凳	《清代家具》
图3-8-02	立柜	《清代家具》
图3-8-03	条案	贾珺摄
图3-8-04	靠背椅	《清代家具》
图3-8-05	床	贾珺摄
图3-8-06	方茶几	《清代家具》
图3-8-07	书桌	《清代家具》

第四章	四合院的房屋类型	
图4-1-01	广亮大门平面、立面、剖面图	《北京四合院建筑》
图4-1-02	广亮大门之一	贾珺摄
图4-1-03	广亮大门之二	贾珺摄
图4-1-04	金柱大门平面、剖面图	《北京四合院建筑》
图4-1-05	金柱大门之一	贾珺摄
图4-1-06	金柱大门之二	贾珺摄
图4-1-07	蛮子门平面、剖面图	《北京四合院建筑》
图4-1-08	蛮子门之一	贾珺摄

插图目录

图4-1-09	蛮子门之一	贾珺摄
图4-1-10	如意门平面、剖面图	《北京四合院建筑》
图4-1-11	如意门之一	贾珺摄
图4-1-12	如意门之二	贾珺摄
图4-1-13	中式门楼	贾珺摄
图4-1-14	简易门楼	贾珺摄
图4-1-15	西式门楼之一	贾珺摄
图4-1-16	西式门楼之二	贾珺摄
图4-1-17	门枕石	贾珺摄
图4-1-18	抱鼓石（门墩）	贾珺摄
图4-1-19	门簪	贾珺摄
图4-1-20	雀替	贾珺摄
图4-1-21	门扇	贾珺摄
图4-1-22	铺首	贾珺摄
图4-2-01	垂花门之一	贾珺摄
图4-2-02	垂花门之二	贾珺摄
图4-2-03	一殿一卷垂花门三维模型	郭继政绘制
图4-2-04	一殿一卷垂花门	贾珺摄
图4-2-05	屏门	贾珺摄
图4-3-01	五间正房	贾珺摄
图4-3-02	三间正房	贾珺摄
图4-4-01	厢房	贾珺摄
图4-5-01	耳房	贾珺摄
图4-6-01	倒座房	贾珺摄
图4-7-01	后照房	贾珺摄
图4-8-01	游廊之一	贾珺摄
图4-8-02	游廊梁架	贾珺摄
图4-8-03	游廊之二	贾珺摄
图4-9-01	墙壁构成	贾珺摄
图4-9-02	八字墙	贾珺摄
图4-9-03	宅门对面影壁	贾珺摄
图4-9-04	宅门内照壁	贾珺摄
图4-9-05	漏窗样式	贾珺摄

插图目录

第五章		四合院的建造施工
图5-1-01	古人测平定向想象图	《中国古代建筑技术史》
图5-2-01	夯土常用工具	《中国古建筑瓦石营法》
图5-3-01	石作常用工具	《中国古建筑瓦石营法》
图5-4-01	木作常用工具	《中国传统建筑木作工具》
图5-5-01	榫卯连接示意图	《中国古建筑木作营造技术》
图5-6-01	建筑剖面图	清华大学建筑学院提供
图5-7-01	《天工开物》中的制砖工艺	《天工开物》
图5-7-02	五扒皮砖	贾珺绘制
图5-7-03	干摆砖墙	贾珺摄
图5-7-04	丝缝砖墙	贾珺摄
图5-7-05	方砖墁地	贾珺摄
图5-7-06	散水铺砖	贾珺摄
图5-8-01	筒瓦顶	贾珺摄
图5-8-02	屋顶兽件造型	《中国古建筑瓦石营法》
图5-9-01	木装修	贾珺摄
图5-10-01	垂花门雕饰	贾珺摄
图5-10-02	吊挂楣子雕饰图案	贾珺绘制
图5-10-03	戗檐砖雕	贾珺摄
图5-10-04	如意门砖雕	贾珺摄
图5-10-05	门额砖雕细部	贾珺摄
图5-10-06	东棉花胡同某四合院砖雕拱门	贾珺摄
图5-10-07	各式门墩雕刻（24幅）	贾珺摄
图5-10-08	石雕狮子	贾珺摄
图5-10-09	上马石	贾珺摄
图5-10-10	拴马桩	贾珺摄
图5-10-11	泰山石敢当	清华大学建筑学院提供
图5-11-01	和玺彩画	《中国建筑彩画图集》
图5-11-02	旋子彩画	《中国建筑彩画图集》
图5-11-03	苏式彩画	《中国建筑彩画图集》
图5-11-04	椽头彩画	《中国建筑彩画图集》

第六章		清代经典府宅四合院撷英
图6-1-01	孚王府位置示意图	贾珺绘制

插图目录

图6-1-02	乾隆《京城全图》中的怡王府图	《加摹乾隆京城全图》
图6-1-03	孚王府平面图	贾珺绘制
图6-1-04	孚王府正门	贾珺摄
图6-1-05	孚王府东阿斯门	贾珺摄
图6-1-06	孚王府二门	贾珺摄
图6-1-07	孚王府二门天花板彩画	贾珺摄
图6-1-08	孚王府二门前石狮子	贾珺摄
图6-1-09	孚王府大殿旧照	贾珺摄
图6-1-10	孚王府大殿现状	贾珺摄
图6-1-11	孚王府西翼楼	《老照片中的大清王府》
图6-1-12	孚王府寝门	贾珺摄
图6-1-13	孚王府寝殿旧照	贾珺摄
图6-1-14	孚王府寝殿现状	贾珺摄
图6-1-15	孚王府后寝区东配殿	《老照片中的大清王府》
图6-1-16	孚王府后照楼	贾珺摄
图6-1-17	孚王府建筑山墙内砖雕	贾珺摄
图6-1-18	孚王府建筑槛墙琉璃装饰	贾珺摄
图6-2-01	恭王府位置示意图	贾珺绘制
图6-2-02	和珅画像	《老照片中的大清王府》
图6-2-03	恭亲王像	《老照片中的大清王府》
图6-2-04	恭王府复原设计方案鸟瞰图	清华大学建筑设计研究院提供
图6-2-05	同治时期恭王府复原平面图	贾珺绘制
图6-2-06	从穿堂门望阿斯门	贾珺摄
图6-2-07	恭王府大宫门	贾珺摄
图6-2-08	恭王府二宫门	贾珺摄
图6-2-09	恭王府正殿	贾珺摄
图6-2-10	恭王府正殿彩画	贾珺摄
图6-2-11	恭王府西配殿	贾珺摄
图6-2-12	恭王府嘉乐堂	贾珺摄
图6-2-13	恭王府嘉乐堂内景	《老照片中的大清王府》
图6-2-14	恭王府东路庭院	贾珺摄
图6-2-15	恭王府东路门墩	贾珺摄
图6-2-16	恭王府乐道堂	贾珺摄
图6-2-17	恭王府东路彩画	贾珺摄

插图目录

图6-2-18	恭王府葆光室墀头图案	贾珺摄
图6-2-19	恭王府西路垂花门	贾珺摄
图6-2-20	恭王府西路"天香庭院"匾额	贾珺摄
图6-2-21	恭王府锡晋斋	贾珺摄
图6-2-22	恭王府锡晋斋室内隔断	《老照片中的大清王府》
图6-2-23	恭王府锡晋斋室内隔断细部	《老照片中的大清王府》
图6-2-24	恭王府后照楼东部	贾珺摄
图6-2-25	恭王府后照楼西部	贾珺摄
图6-2-26	恭王府花园园门	贾珺摄
图6-2-27	恭王府花园滴翠岩假山	贾珺摄
图6-2-28	恭王府花园蝠厅	贾珺摄
图6-2-29	恭王府花园榆关	贾珺摄
图6-2-30	恭王府花园诗画舫	贾珺摄
图6-3-01	崇礼宅位置示意图	贾珺绘制
图6-3-02	崇礼宅鸟瞰	《北京东城文物建筑》
图6-3-03	崇礼画像	《旧中国掠影》
图6-3-04	崇礼宅平面图	贾珺绘制
图6-3-05	崇礼宅西路二进院正房	李仪录摄
图6-3-06	崇礼宅西路四进院垂花门与游廊	李仪录摄
图6-3-07	崇礼宅西路四进院正房	李仪录摄
图6-3-08	崇礼宅西路后照房	李仪录摄
图6-3-09	崇礼宅中路花厅	李仪录摄
图6-3-10	崇礼宅中路定静堂	李仪录摄
图6-3-11	崇礼宅东路大门	李仪录摄
图6-3-12	崇礼宅彩色雕花玻璃槅扇	李仪录摄
图6-4-01	文煜宅位置示意图	贾珺绘制
图6-4-02	文煜宅平面图	贾珺绘制
图6-4-03	可园东部游廊	《中国园林艺术》
图6-4-04	可园前院正堂立面图	清华大学建筑学院提供
图6-4-05	文煜宅11号院纵剖面图	清华大学建筑学院提供
图6-4-06	文煜宅11号院大门	贾珺摄
图6-4-07	文煜宅11号院倒座房	贾珺摄
图6-4-08	文煜宅11号院垂花门平面、立面、剖面图	清华大学建筑学院提供
图6-4-09	文煜宅11号院垂花门	李仪录摄

插图目录

图6-4-10	文煜宅11号二进院正房	李仅录摄
图6-4-11	文煜宅11号四进院正房	李仅录摄
图6-4-12	文煜宅13号二进院	贾珺摄
图6-4-13	文煜宅13号四进院	贾珺摄
图6-4-14	文煜宅13号四进院正房与耳房	贾珺摄
图6-4-15	文煜宅13号院后照房立面图	清华大学建筑学院提供
图6-4-16	文煜宅11号院与可园三维模型鸟瞰图	刘辉绘制
图6-5-01	麟庆宅位置示意图	贾珺绘制
图6-5-02	麟庆画像	《鸿雪因缘图记》
图6-5-03	麟庆宅复原平面图	贾珺绘制
图6-5-04	麟庆宅大门	贾珺摄
图6-5-05	大门门墩	贾珺摄
图6-5-06	大门梁架	贾珺摄
图6-5-07	麟庆宅庭院	《鸿雪因缘图记》
图6-5-08	西厢房雀替	贾珺摄
图6-5-09	受福堂	贾珺摄
图6-5-10	受福堂山墙题刻	贾珺摄
图6-5-11	受福堂木雕槅扇	贾珺摄
图6-5-12	五福堂内景	《鸿雪因缘图记》
图6-5-13	麟庆宅戗檐砖雕	贾珺摄
图6-5-14	道光年间半亩园景象	《鸿雪因缘图记》
图6-5-15	清末半亩园景象	法国吉美博物馆藏
图6-6-01	张之洞像	《旧中国掠影》
图6-6-02	张之洞宅位置示意	贾珺绘制
图6-6-03	张之洞宅现状平面图	贾珺绘制
图6-6-04	张之洞宅倒座房	贾珺摄
图6-6-05	张之洞宅大门	贾珺摄
图6-6-06	张之洞宅门前大影壁	贾珺摄
图6-6-07	张之洞宅庭院树木	贾珺摄
图6-6-08	张之洞宅东楼北侧	贾珺摄
图6-6-09	张之洞宅西楼	贾珺摄
图6-6-10	张之洞宅东楼外廊	贾珺摄
图6-6-11	从张宅北望前海风光	贾珺摄
图6-7-01	荣源宅位置示意	贾珺绘制

插图目录

图6-7-02	婉容像	《故宫珍藏人物照片荟萃》
图6-7-03	荣源宅平面图	贾珺绘制
图6-7-04	荣源宅西路纵剖面图	清华大学建筑学院提供
图6-7-05	荣源宅西路倒座房	贾珺摄
图6-7-06	荣源宅西路垂花门	贾珺摄
图6-7-07	荣源宅西路垂花门檐下挂落	贾珺摄
图6-7-08	荣源宅西路三进院正房	贾珺摄
图6-7-09	荣源宅西路三进院正房雕花落地罩与玻璃镜屏	李仅录摄
图6-7-10	荣源宅东路纵剖面图	清华大学建筑学院提供
图6-8-01	纪昀画像	清华大学建筑学院提供
图6-8-02	纪昀宅位置示意图	贾珺绘制
图6-8-03	纪昀宅平面图	贾珺绘制
图6-8-04	维修中的前院正房侧立面	黎冬青提供
图6-8-05	纪昀宅后院剖面图	黎冬青提供
图6-8-06	纪昀宅后院游廊	黎冬青提供
图6-8-07	纪昀宅后院正房	黎冬青提供

第七章	近现代文化名人故居四合院例说	
图7-1-01	鲁迅先生像	《鲁迅文献图传》
图7-1-02	鲁迅故居位置示意	贾珺绘制
图7-1-03	周作人像	清华大学建筑学院提供
图7-1-04	鲁迅八道湾故居平面图	贾珺绘制
图7-1-05	八道湾故居建筑模型	鲁迅博物馆藏
图7-1-06	八道湾故居一进院北房	《鲁迅文献图传》
图7-1-07	八道湾故居中门	《鲁迅文献图传》
图7-1-08	鲁迅亲笔所绘住宅改建设计平面图	《鲁迅文献图传》
图7-1-09	鲁迅宫门口三条故居平面图	贾珺绘制
图7-1-10	宫门口三条故居宅门	贾珺摄
图7-1-11	宫门口三条故居前院	贾珺摄
图7-1-12	宫门口三条故居客厅内景	《鲁迅文献图传》
图7-1-13	宫门口三条故居正房	贾珺摄
图7-1-14	宫门口三条故居西厢房	贾珺摄
图7-1-15	"老虎尾巴"	贾珺摄
图7-1-16	"老虎尾巴"内景	贾珺摄

插图目录

图7-1-17	宫门口三条故居后院植物	贾珺摄
图7-2-01	郭沫若先生像	《郭沫若传》
图7-2-02	郭沫若故居位置示意图	贾珺绘制
图7-2-03	郭沫若故居平面图	贾珺绘制
图7-2-04	前园土山	贾珺摄
图7-2-05	垂花门	贾珺摄
图7-2-06	前院正房	贾珺摄
图7-2-07	前院正房前廊	贾珺摄
图7-2-08	前院正房客厅内景	贾珺摄
图7-2-09	前院东厢房	贾珺摄
图7-2-10	前院游廊	贾珺摄
图7-2-11	前院海棠	贾珺摄
图7-2-12	后院松树	贾珺摄
图7-2-13	后照房	贾珺摄
图7-3-01	老舍先生像	《老舍画传》
图7-3-02	老舍故居位置示意图	贾珺绘制
图7-3-03	老舍故居平面图	贾珺绘制
图7-3-04	老舍故居宅门	贾珺摄
图7-3-05	老舍故居二门	贾珺摄
图7-3-06	老舍故居正房	贾珺摄
图7-3-07	老舍先生卧室	贾珺摄
图7-3-08	老舍故居东厢房	贾珺摄
图7-3-09	老舍故居西厢房	贾珺摄
图7-3-10	老舍故居庭院柿子树	贾珺摄
图7-4-01	茅盾先生像	《茅盾传》
图7-4-02	茅盾故居位置示意图	贾珺绘制
图7-4-03	茅盾故居平面图	贾珺绘制
图7-4-04	茅盾故居宅门	贾珺摄
图7-4-05	茅盾故居照壁	贾珺摄
图7-4-06	茅盾故居正房	贾珺摄
图7-4-07	茅盾故居西厢房	贾珺摄
图7-4-08	茅盾故居会客厅	贾珺摄
图7-4-09	茅盾故居古树	贾珺摄
图7-4-10	茅盾故居藤架	贾珺摄

插图目录

图7-4-11	茅盾故居后照房	贾珺摄
图7-5-01	齐白石像	《齐白石传》
图7-5-02	齐白石故居位置示意图	贾珺绘制
图7-5-03	齐白石跨车胡同平面图	贾珺绘制
图7-5-04	齐白石跨车胡同故居宅门	贾珺摄
图7-5-05	齐白石跨车故居后院墙	贾珺摄
图7-5-06	齐白石雨儿胡同故居平面图	贾珺绘制
图7-5-07	齐白石雨儿胡同故居大门	贾珺摄
图7-6-01	梅兰芳先生像	《梅兰芳舞台艺术》
图7-6-02	梅兰芳故居位置示意图	贾珺绘制
图7-6-03	梅兰芳无量大人胡同故居平面图	贾珺绘制
图7-6-04	梅兰芳无量大人胡同故居庭院	《梅兰芳珍藏老像册》
图7-6-05	梅兰芳无量大人胡同故居书房内景	《梅兰芳珍藏老像册》
图7-6-06	梅兰芳护国寺街故居平面图	贾珺绘制
图7-6-07	梅兰芳护国寺街故居大门	贾珺摄
图7-6-08	梅兰芳护国寺街故居影壁	贾珺摄
图7-6-09	梅兰芳护国寺街故居二门	贾珺摄
图7-6-10	梅兰芳护国寺街故居正房	贾珺摄
图7-6-11	梅兰芳护国寺街故居庭院小景	贾珺摄
图7-6-12	梅兰芳护国寺街故居后照房	贾珺摄
图7-6-13	梅兰芳先生晚年在护国寺宅院内看孙辈游戏	《梅兰芳珍藏老相册》

第八章	四合院的文化内涵与生活情韵	
图8-1-01	观测风水的罗盘	清华大学建筑学院提供
图8-1-02	先天八卦图与后天八卦图	清华大学建筑学院提供
图8-1-03	门光尺	清华大学建筑学院提供
图8-2-01	晚清时期生活在四合院中的官员全家合影	《旧中国掠影》
图8-2-02	井然有序的四合院格局体现了强烈的礼制含义	清华大学建筑学院提供
图8-3-01	围合中的四合院	《东城文物建筑》
图8-4-01	庭院深深	贾珺摄
图8-4-02	游廊与月亮门	贾珺摄
图8-5-01	大门上的福字与春联	贾珺摄

插图目录

图8-5-02	四合院春意	贾珺摄
图8-5-03	四合院夏景	清华大学建筑学院提供
图8-5-04	天棚鱼缸	清华大学建筑学院提供
图8-5-05	四合院秋色	《东城文物建筑》
图8-5-06	四合院冬日风光	清华大学建筑学院提供
图8-5-07	四合院雪景	清华大学建筑学院提供